人類の未来

AI、経済、民主主義

ノーム・チョムスキー Noam Chomsky
レイ・カーツワイル Ray Kurzweil
マーティン・ウルフ Martin Wolf
ビャルケ・インゲルス Bjarke Ingels
フリーマン・ダイソン Freeman Dyson
吉成真由美［インタビュー・編］ Mayumi Yoshinari

NHK出版新書
513

人類の未来——ＡＩ、経済、民主主義　目次

校閲　伊藤さゆり
大河原晶子
図版作成　原　清人
カバー裏写真　Carl Rutman
DTP　角谷　剛

まえがき

頭の数だけ違う考え方があり、心の数だけ違う愛がある。
――レフ・トルストイ

象を研究するアリ

まったくもって人間関係はむずかしい。気心の知れた夫婦、親子、兄弟ですら、勘違い、すれ違い、思い違いは、日常茶飯と言ってもいいくらいだから、人が多く集まった会社や市町村など言うに及ばず。ましてや言語、文化、歴史の異なる民族や国家同士の付き合いともなれば、常に手入れをしていない限り、あっという間に糸がもつれて手に負えなくなってしまうだろうし、誤解、曲解、無理解のスケールは、想像を絶するレベルに達してしまうだろう。

経済や情報がグローバル化して、史上類を見ないほどの相互依存関係にあるにもかかわらず、国家、民族、宗教に根差した争いは後を絶たない。これらの巨大なもつれ関係は、一体どのように膨れ上がってきたのだろう、どのようにほどいていったらいいのだろう。

おまけに日々情報があふれて社会がますます複雑になってくると、誰しも自分が信じたいものだけを拾い見て、全体像を把握することがいよいよ難しくなる。これは民主主義へのチャレンジでもあって、何が真実かわからない時代には、真のジャーナリズムは弱体化して嘘が跋扈（ばっこ）し、とりあえず誰か強いリーダーに従っていればいいだろうという雰囲気が生まれることにもなってしまう。

ＡＩ（人工知能）、経済、民主主義、そして気候といったわれわれが抱える複雑系の問題に対して、シンプルな一見わかりやすい物語に惑わされず、どのように情報を切り取り、検証し、判断していったらいいのだろうか。

ドイツのバイエルン州にある美しい小都市リンダウで開かれた科学会議で、「気候科学再検証」と題した講演を聞いたのが、「地球温暖化」や「気候変動」に疑問を持つ始まりだった。「気候科学はもはや科学ではなく、宗教と化してきている」という内容の講演は、ノルウェーの物理学者アイヴァー・ジェーバー（ノーベル物理学賞）によるもので、地道な観測よりも気候モデルが幅を利かせ、気候科学に政治と経済がからんできた結果、誰も「気候変動に対して疑義を挟むことをしなくなってしまった」と。

ジェーバー氏は二〇一一年、アメリカ物理学会（ＡＰＳ）が「地球温暖化の証拠は疑いの余地がない。温暖化ガス放出削減を直ちに始める必要がある」と発表したことに異議を唱えて、ＡＰＳを脱会している。気候問題は、あまりにも多くの要素が絡み合っているため、「証拠は疑いの余地がない」と断定できるほど厳密なサイエンスにはなっていないという理由からだった。そしてこの見解を一層明確にしているのが、理論物理学者のフリーマン・ダイソンだ。

それでも気候問題は自然を相手にしているので、地道な観測を積み重ねることが信頼できる結果につながっていくと期待することもできる。しかし世界経済の動向というようなことになるとそうはいかない。人間の脳については、脳科学がやっとその表層をわずかに明らかにし始めたところであって、たった一人の人間の行動や感情でさえ、予測するのが極めて困難であるのに、そもそも本人にすら、一体どうしてそんな気持ちになったのかてんでわからないことが多いのに、どうやって何十億という人間の活動の集積を予測できるというのだろう。経済モデルが実体経済と乖離（かいり）しているのもむべなるかな。

ただ、一本の樹は限りなく複雑だけれども、それらをすべて知らなくとも森について把握することは可能だ、というアプローチの仕方もあるのだろうとは想像できる。

これはあたかも、大きな象をアリが調べているようなものかもしれない。どこを触っているかによって、手にするデータは大きく異なり、それぞれのアリが知ることのできる範囲は、まったく微々たる部分でしかない。もちろんアリにだってそれぞれ個体差があって、認識できる範囲に多少の違いはあるかもしれないけれども、全体像などどのアリにも把握できないし、象の姿のみならず行動や情動までとなれば、なまなか手に負えるものではない。象が川に入ったら、足のほうにいたアリは溺れてしまうし、象の戦いでも始まろうものなら、かなりの数のアリは振り落とされてしまうが、なぜそうなったのかは、落ちたアリにはわからない。

こういった複雑な系をある程度把握しようとするなら、一番遠くまで歩いて行っているアリ、すなわちその分野で最前線を走っている碩学の徒に話を聞くことは、どれほど自分の考えを整理する上で役立つことか。これほどまでに複雑化した「不確実社会」を生きていく上で、先達の慧眼は、手元の灯に似て、前に進むための勇気を貸してくれる。

人類が地球の運命を変える時代に生きている

本書でインタビューした五人は、それぞれの分野での泰斗であるにとどまらず、想像力の広さ、思考力の深さ、ことの本質を見極めようとする姿勢の果敢さにおいて抜きん出ており、深い考察に裏打ちされた歯に衣着せぬ直言はすがすがしいほど潔い。

――もともと数学者であり、言語学者にして政治学者でもあるノーム・チョムスキーは、現在世界一の知識人とも称される。衰退すれども世界一であるアメリカを率いる「不確実な」トランプ政権は、民主主義への攻撃に直結していくのか、ＩＳ（「イスラム国」）の台頭を引き起こすことになったアメリカの中東への軍事介入が、いかなる背景に基づくものであったのか、プーチン氏にある一分の理とは何かなど、鋭い舌鋒で本質を衝いていく。

――テクノロジーの飛躍的な発達により、人類はそう遠くない未来に、その先どうなるかまったく予測不可能な臨界点、すなわち「シンギュラリティ」（技術的特異点）と呼ばれる地点に達し、まったく新しい時代に突入するという大胆な予測を立てているのが、発明家にして未来学者であるレイ・カーツワイルだ。これからは食料も資源もエネルギーも余剰の時代になるし、ＡＩと人間が一体化することで、人類は想像を超える高い知能と、耐性、理解力、記憶力などを備えた新しい存在（ポスト・ヒューマン）に、自然選択ではなく、人間自らの手によって進化していくと確信している。

——「世界中で最も信頼されている経済・金融ジャーナリスト」と多くの人が認めるマーティン・ウルフは、英フィナンシャル・タイムズ紙の経済論説主幹であり、それ以前には世界銀行のシニア・エコノミストでもあった。開発途上国に貧困脱出をもたらすと同時に、格差社会をもたらしたグローバリゼーションへの反動や、ブレグジット（英国のEU〈欧州連合〉離脱）の影響、EUの将来、日本の借金問題、民主主義や資本主義そして米ドルの今後をはじめ、様々なグローバルな問題について本音トークが全開。

——「持続可能性」を目指す都市開発など、時代精神にぴったり波長を合わせ、最新テクノロジーを武器としてデザイン上のチャレンジを次々とこなしているのが、コペンハーゲンとニューヨークで四〇〇人が働くBIG（ビャルケ・インゲルス・グループ）を率いる建築家、ビャルケ・インゲルスだ。「レス・イズ・モア（少ないほうがより豊か）」というデザイン界のドグマに挑戦し、「イエス・イズ・モア（すべてを受け入れるほうがより豊か）」の精神で急成長を続ける彼は、その明快なビジョンをもってして、建築家が未来社会に貢献できる範囲を一挙に広げてきた。

——数学者にして、理論物理学者であり、宇宙物理学者でもあるフリーマン・ダイソンは、アインシュタインの真の後継者としてあまねく尊敬されている。通説に挑戦する異端者であることを誇りにしており、気候問題に関しても、モデル先行の研究に大いに疑義を呈する。彼による物理学の「標準モデル」と「ひも理論」の説明は、見事なほどスッキリとしたもので納得。またダイソン氏には宗教と科学についても聞いていて、宗教と科学とは世界を見る窓が異なっているだけであり、宗教は人間の本質に深く根差したものであるという。

五人に共通しているのは、複雑な系に対して、それが気候であれ経済であれ政治であれ、各人とても謙虚な姿勢であるということだ。シンプルなわかりやすいストーリーはすぐに熱狂的に広まるけれども、おそらくどれ一つとして真実ではない。アリが象を斜め切りするなどそう簡単にできるものではないことを、とてもよくわかっているからだ。

われわれは現在、地質学上の「人新世（Anthropocene）」と呼ばれる、人類が地球環境に大きな影響を及ぼすようになった時代に生きていて、「地球を崩壊させる力さえ手に入れてしまった人類はもはや戦争をすることはできない、もし始めたら世界は終わってしまうからだ」というのも共通した見解だ。

さらに機密というものは、国民をコントロールするために存在するのであって、機密は国家を弱くするし、アメリカの諜報機関が膨大な情報収集を行っているのはバカげているという点については、チョムスキー氏もダイソン氏も見解を同じくしている。

また教育に関しては、カーツワイル氏もインゲルス氏もダイソン氏も、「実地教育」こそ最もよく学べる最も効果的なやり方なのであって、実際に挑戦すれば学ぶべきことはそれほど多くないと気づくはずだと言う。

一方で、話を聞いているこちらがドキドキするほど、見解の違いが鮮明になる場合も少なからずある。例えば、

——二〇二九年には人工知能が人類の知性を超え、二〇四五年までにはシンギュラリティに到達して、人類はAIと融合することによって、ほぼ無機的な存在であるポスト・ヒューマンに進化していくのだとするカーツワイル氏に対して、それは単なるおとぎ話だ、AIの知能は人類のそれとは本質的に異なるし、人間の脳はそう簡単にシミュレートできるものではないとするチョムスキー氏。

——地球温暖化は人類存続に関わる大問題であり、人類がその行動を早急に見直す必要があるという主流派を支持するチョムスキー氏に対して、気候変動問題は人々が考えているよりもはるかに複雑で、人類が化石燃料を使用するずっと以前から、太陽の影響も少な

からずあって気候は常に変動してきたのであり、炭素削減に汲々とするより、直接の被災地対策に積極的にお金を使うべきだとするダイソン氏。

――テクノロジーの発達は、個人に力を与え、社会が中央集権型から脱して分散型になることによって、テロ行為に対する耐性が上がって安全性が高くなり透明度も上がるとするカーツワイル氏に対して、分散型社会とはアナーキーな社会のことであって、人間の本質に反するものだ、小規模な市場なら分散化が可能であっても、もっと長期の投資を行う世界経済の場合、分散化は机上の空論だとするウルフ氏。

――これからは3Dプリントされた大きなレゴブロックのようなものを積み上げることで、手軽に最新のビルが建てられるようになるとするカーツワイル氏に対して、最も新しいテクノロジーが一番早く古くなるのであって、むしろ古い家が最もハイテクになりうると言うインゲルス氏。

複雑系を対象にすると、彼らのような英知でさえ、これほどの違いが出てくる。

彼らの見解の相違はスリリングであり、いやがうえにも深く考えさせられる。

共感する力

人間の存在は浜の真砂（まさご）の一粒のように、限りなく小さく限りなく軽い、たいして意味のないものだというのは隠しようのない真実なのだろう。人は誰しも、日々薄氷を踏むようにして生きており、大事な人を失うまで、それがいかに危（あや）うい生であるかを知らずにいる。複雑非情なこの世で生きていくためには、多少のエゴと愚かさとが必要なのであって、それらを持たない人は、遠からずしてこの世への未練をなくしてしまうのかもしれない。

情報が増え、人々に時間がなくなり、何事も効率が良くなってくると、ますます個人の存在は軽くなる。無駄な時間を使うことが圧倒的に減るので、「無駄な時間を使った分だけ、その対象が自分にとってとても重要になるんだ」（サン＝テグジュペリ）というようなアタッチメント（愛着）の感覚が育（はぐく）まれにくいからだ。

それでもわれわれには「共感する力（empathy）」というものが備わっていて、それによって個人ではなしえなかったことを、次々と達成してきた。波長の合う人や、様々な記憶を共有する人たちにとっては、ある砂の一粒が他の砂粒よりちょっと輝いて見えるというのも事実であって、ウルフ氏が言うように、人間である限り人と人とのつながりが誰にとってもおそらく最も重要であり続けるのなら、一粒の輝きは限りなく小さいが、それが見えるその周りの人にとっては、たとえわずかの間であっても、かけがえなき輝きであり続けるに違いない。

世界を崩壊させる可能性を手に入れた人類が、その転換期に入りつつあるのは確かなようで、これからわれわれはどこに向かっていくのか、せめて考える縁(よすが)をわずかでも手にすることができればという思いで、このインタビュー集をまとめました。ダイソン氏がいみじくも言っている通り、様々な変化は徐々に、しかし確実に起こっているのであって、気づいた時には手遅れだったりするから、こういう変化については、知っている必要がある、ということかもしれません。

なお各章のイントロとインタビュー、並びにその翻訳と注を含む編集の文責は筆者にあります。

吉成真由美

第1章 トランプ政権と民主主義のゆくえ

——ノーム・チョムスキー

Photo by Carl Rutman

Noam Chomsky

1928年、米国フィラデルフィア生まれ。学部生時代をペンシルベニア大学で送り、1951–55年は同大学大学院に籍を置きつつ、ハーバード大学のジュニアフェローを務める。現在はマサチューセッツ工科大学(MIT)を代表するインスティテュート・プロフェッサー、名誉教授。もともと数学者であり、言語学者、政治学者でもある。50年代に提唱した「普遍文法」理論は現代言語学に革命をもたらした。ベトナム戦争以来、アメリカの政策に厳しい批判の眼を向けていることでも知られる。著書に *The Generative Enterprise*（1982、邦訳『生成文法の企て』岩波書店）、*Media Control*（1997、邦訳『メディア・コントロール』集英社新書）、*Hegemony or Survival*（2003、邦訳『覇権か、生存か』集英社新書）など多数。

愛国主義とは、自己欺瞞によってやわらげられた権力欲のことだ。
――ジョージ・オーウェル

二〇一六年のアメリカ大統領選挙の結果は、東海岸や西海岸そして都市部の多くの人々にとって、青天の霹靂（へきれき）とでも言うほどの驚きだった。アメリカの古い選挙制度のおかげで、中西部の票は都市部の票よりずっと重いこと、そして中西部には、新自由主義政策から取り残された人々の不満が想像以上に鬱積（うっせき）していたことに、メディアをはじめとする多くの人々がそれほど注意を払わなかったことが、驚きの原因であったらしい。

トランプ大統領誕生で、将来は一挙に不透明になった。なぜ彼は、メディアや評論家、政治家たちの批判を総身に浴びながらも、当選することになったのか。世界はこれからどのように動いていくのだろう。民主主義の将来はどうなるのか。

テロリストと称されるＩＳ（「イスラム国」）が生まれてきたのは、いかなる背景があってのことなのか。イラクやリビアやアフガニスタンへの爆撃は、かえって中東に混沌（こんとん）をもたらしたように見うけられるが、その結果生まれた中東難民が、ヨーロッパの政治地図を変えるような流れにまでなってきている。そもそもイラク戦争を引き起こしたアメリカの行動の背景には、どういった意図があったのか。プーチン率いるロシアも、ウクライナ紛争では一歩も譲らない一面を見せたが、その行動の背景には、一体どういう論理があるのだろう。

　生きている人の中で世界一の知識人とも称されるノーム・チョムスキー氏は、もともと数学者だが、すべての言語に共通する普遍文法を提唱して言語学に革命をもたらし、ベトナム反戦運動を機に、政治活動にも深く関与するようになった。

　インタビューでは、アメリカの内部崩壊とトランプ大統領誕生の真因、中東におけるＩＳ台頭の背景や、ヨーロッパの難民問題、そして戦争をする理由や、日本の「集団的自衛権」についてなど、今日私たちが直面する様々な問題について聞いています。エゴや差別や攻撃性といった人間の本質が複雑にからんだ現実問題に対して、鋭い洞察に基づいた彼の過激な発言は、世界の全体像を俯瞰し、その背景まで透かし見せてくれます。

　また、二〇一六年三月にコンピュータが碁の名人を打ち負かしてから、巷ではＡＩ（人工知能）がブームとなっていますが、現在のＡＩの台頭は、人類の将来にどのような影響を与えるのか、人類は果たして進化の特異点（シンギュラリティ）に向かっているのか。この点についても聞いてみました。

インタビューはマサチューセッツ工科大学（ＭＩＴ）言語学部にある彼のオフィスで行われました。第二回目はトランプ氏当選の直後でした（二〇一五年九月と二〇一六年一二月に収録）。

1　アメリカは衰退すれども世界一か？

アメリカの斜陽は七〇年前から始まっている

――米ドルは、ドルによる石油貿易や圧倒的な軍事力、そして世界中の信用に支えられ、世界の基軸通貨として流通しています。どれだけ負債があっても、基本的にはドルを刷ればいいのですから、有利な立場にあるとも言えるでしょうが、貿易上、もし他の通貨が使われ出すと、この立場が弱くなることが考えられます。アメリカは、この立場を維持していくことができるのでしょうか。

チョムスキー　近年、アメリカの斜陽ということがよく言われます。しかしよく見落とされるのは、アメリカの斜陽は七〇年前から始まっているということです。アメリカの力のピークは一九四五年だったのです。当時のアメリカの力は、他の追随をまったく許さないもので、世界中の富の約半分がアメリカに集中していました。それほどの権力の集中は史上初のことです。比類なき安全保障を手中にし、西側全体をコントロールし、大西洋、太平洋共に支配下におさめ、両大洋の対岸地域を傘下におさめ、その軍事力は想像を絶する規模でした。

しかし、後退はすぐに始まったのです。実際、中華人民共和国が成立した一九四九年以降は後退が進んでいきました。アメリカで言うところの「中国の喪失（loss of China）」が起こったからです。これは興味深いフレーズで、私は自分のiPhoneを失うことはできますが、あなたのiPhoneを失うことはできないわけで、「中国の喪失」という言葉には、「われわれが世界を所有している」という意識が見て取れます。これは自分たちの世界なのだと。ですから、どこかの国が独立したら、その部分を失ったという意識です。

「中国の喪失」は、アメリカの国内政策にとって、大きな問題になりました。誰の責任で「中国の喪失」が起こったのかという問題です。それから、マッカーシズム（反共主義）が台頭し、国内の抑圧が始まり、次から次へと様々な影響が出ました。ケネディが、インドシナをどうするかという問題に直面した時、彼とそのアドバイザーたちは、「インドシナの喪失」の責任を問われるような事態になりはしないかと、戦々恐々としたのです。そして「中東の春」が勃発したことで、今度は「中東の喪失」が問題視されるようになりました。

基本的に、「われわれが世界を所有している」という暗黙の了解があるのです。独立しようとする動きや、アメリカのコントロールに従わない行為は、犯罪だから止めなければならないのだと。

アメリカ内部からの崩壊

チョムスキー　後退は続きました。一九七〇年ごろには、アメリカがコントロールしている地域は、世界の二五%くらいまでに下がっていました。それでもまだ大変な覇権ですが、もう五〇%ではない。現在はそれよりも少し下です。一九七〇年までには、世界はすでに三極に分かれていました。ドイツを中心とするヨーロッパ、当時の日本を中心とする東アジア、そしてアメリカを中心とする北アメリカです。それ以降、分散化は続いています。

それでも、アメリカが、圧倒的に大きな力を持った国であることは間違いありません。

アメリカの軍事費は、他のすべての国々のそれを合算したものにほぼ匹敵します。世界中に八〇〇余りの軍事基地を持ち、軍事活動を行っている国など、どこにもないわけです。中国は大きな経済を持っていますが、国民一人当たりの所得はまだまだ低い。国の発展状態を表す人間開発指数（二〇一五年発表）を比べてみると、中国は九〇位で、インドは一三〇位です（ちなみにアメリカは八位、日本は二〇位）。軍事力をはじめとして、まだアメリカとは比べものになりません。

アメリカは、確かに後退してきています。そしてそのほとんどが国内由来の理由によるものです。レーガン時代からの政策（規制緩和政策）によって、国内社会はひどく傷つけられてきました。国内生産力は大幅に削減され、賃金や収入は停滞したり減額したりして、インフラも崩壊しつつあります。ボストン市内を歩いてみれば、後退は明白です。

講演のために二日前にニューヨークに列車で行ったのですが、アメリカ一の列車という触れ込みだったけれども、片道約四時間もかかった。ヨーロッパや日本の列車だったら、おそらく二時間もかからないでしょう。実際二日前に乗った列車は、一九五〇年に私が初めてこの区間の列車に乗った時と、ほぼ同じくらいの時間がかかった。これは、国内インフラが崩壊していることの証左です。

アメリカ社会は内側から崩壊してきているのです。金融セクターは、大変な勢いで伸びていますが、果たして金融が経済に貢献しているのかどうかは、大いに疑問ですし、おそらくほぼ有害となっているでしょう。軍事システムは、大変な出費です。また、健康保険システムは、民営化されているために、アメリカ経済の大きな部分を占めるはめに陥っています。非常に複雑になっていて、非効率で、他の先進国に比べて、そのコストは一人当たり二倍にもなっている。しかも内容が悪い。もし、他の先進国並みの健康保険制度に切り替えることができたら、それだけでアメリカの負債は消えてしまうでしょう。これらが、国をむしばんでいる国内政策です。

それでもまだアメリカは、世界最強の国として他の国々の追随を許さない状態ではありますが。

2 トランプはアメリカをどこへ導くのか

トランプが勝った理由

——トランプ氏の勝利について、様々な理由が取りざたされています。中産階級の消滅や、単一争点に照準を合わせた投票者たち、女性蔑視や外国人恐怖、移民恐怖をあおる人々、反体制派や反クリントン派等々、たくさんの理由が上がっていますが、これらの理由については、どのように見ておられますか。またご自身は、トランプ氏がまさかの勝利を収めた理由はどこにあるとお考えですか。

チョムスキー　トランプはアメリカの珍妙な時代遅れの政治システム（electoral college：選挙人団制度[*1]）のせいで勝ったんですね。一般投票での得票数（得票総計）では数百万の差で負けています。しかし現行の選挙区配分では、都会の票を制限して地方の票に重きが置かれるようになっています。これによって、保守的な、右寄りの、そしてあなたが言われた様々な理由の方向に、選挙結果が偏り（かたよ）がちになっている。大統領選挙に、選挙人団システムという反民主主義的な方法を採用しているために、一般得票数では数百万の差で負けているにもかかわらず、トランプが選ばれることになったのです。

あなたが挙げた理由はすべて正しいです。最も重要なのは、アメリカだけでなくヨーロッパもまったく同じですが、これまでのネオ・リベラル（新自由主義）政策が、多くの人々を停滞させ、後退させることになったということです。経済学者たちが「大エコノミック・ミラクル」と呼ぶ二〇〇七年、ちょうど二〇〇八年の経済大破綻（はたん）の直前ですが、アメリカの一般労働賃金は、二五年前の賃金と比較して、かなり低くなっていました。付帯供与も少なくなった。

グローバル化によって、労働者たちが国際的な競争にさらされる一方、プロフェッショナルたちや企業は保護されました。自由貿易協定と称してはいますが、実際は製薬会社やメディア、大企業に対する保護政策です。プロフェッショナル・クラスは競争から保護されたけれども、そして投資家たちも前例のないほどの権限を手に入れたけれども、労働者たちは国際競争の海に放り込まれた。

そもそも「市場化（marketization）」と呼ばれる政策は、結果責任を問われない私的な権力（大企業や銀行など）に、判断権限をゆだねるものでした。結果として、民主主義が制限され、生活水準が下がったのです。

＊1　アメリカでは大統領選挙の際、各州にはその州の国会議員の数と同じ数の選挙人団が、それぞれの党候補者にあてがわれており、ほとんどの州では一般投票で一位になった大統領候補者にあてがわれた選挙人団がその州を代表することになる勝者全得のシステムとなっている。各州にあてがわれる国会議員の数（ひいては選挙人の数）は、その州の人口に比例していて、一〇年ごとに更新される。どんなに小さな州にも最低三人の選挙人があてがわれているが、選挙人団の数は全体で五三八

人なので、過半数を超える二七〇人の選挙人を獲得した段階で、その大統領候補が当選することになる（これらの選挙人団による正式な大統領選挙投票は一二月に行われる）。

このシステムは、制御されていない民主主義が陥りやすい「多数による横暴」を避けて、少数意見も考慮されるように、人口が密集している地域だけでなく全州の意見がまんべんなく反映されるように、そして不正選挙がしにくいようにとの考えから、アメリカ建国時に憲法に明記された。

たいていの場合、一般投票と選挙人団による投票の結果は一致するのだが、たまにそうでないことが起こる。二〇〇〇年のブッシュ対ゴアは、一般得票数で五〇万票ゴアのほうが多かったが、ブッシュが選挙人の二七一票を獲得して当選した。今回は一般投票で三〇〇万票近い差が出たにもかかわらず、トランプが選挙人の三〇六票を獲得して当選したので、その乖離（かいり）が問題となり、反トランプデモにつながっている。

拡大する民主主義への攻撃

チョムスキー　同じことがヨーロッパでも起きています。私は昨晩フランスから戻ったばかりですが、フランスの共和党はついこの間（二〇一六年一一月二七日）、右寄りの代表（フランソワ・フィヨン、元首相、在任二〇〇七－二〇一二）を選出しました。彼が二〇一七年四月、極右政党「国民戦線」の代表（マリーヌ・ルペン）と大統領選で戦うことになります。

オーストリアでも、ネオ・ナチにルーツを持つ政党「自由党」が、次の選挙で台頭する可能性があります。ブレグジット（Brexit：英国のEU離脱）もアメリカの大統領選の投票傾向と似たところがありました。イタリアでも、国民投票があって（二〇一六年一二月四日）、改革派のマッテオ・レンツィ首相が辞任することになった。

一般的に、民主主義への攻撃が見られます。労働者の権利や社会福祉などに対する強い反発が出てきている。これに、あなたが言ったような「外国人恐怖」「移民恐怖」などが加わっています。

社会学者のA・R・ホックシールド（Arlie Russell Hochschild、カリフォルニア大学バークレー校）が、トランプ支持者たちを調査して述べているんですが（*Strangers in their own Land*, 2016）、彼らは、長蛇の列で順番待ちをしているんだと言うんですね。彼らの両親も、彼ら自身も、よい生活を求めて懸命に働いてきた。保守的で、家族中心で、聖書に従う敬虔なクリスチャンで、よりよい生活を求めて一歩ずつ前進していた。

ところが過去二五年間、彼らは一向に前へ進めない。列の先頭のほうは、一挙に次元の違う金持ちになった。でもそれは構わない。アメリカの神話というのは、懸命に働けば、金持ちになれるというものだったから。問題なのは、自分たちの後ろにいる奴らだと。黒人や、移民、シリア難民といった弱者たち。そして連邦政府は、これら列の後ろに並んでいる奴らを優先して、彼らを列の前のほうに押し入れてくる。職を失ったシングルマザーに政府が経済援助するということは、彼らを列の前に押し出していることになる、という意識がある。そうやって自分たちは割を食ってきたと。[*2]

こういった、スケープゴートを立てて不満のはけ口にするというのは、よく使われる手です。ヒトラーがユダヤ人に対してやったことと同じ。現在のヨーロッパでも、移民に対して同じような意識を持っていて、フランスでは北アフリカからの移民がその対象になっています。

このように、自分たちよりも弱い立場にいる人たちを攻撃し、政府のやり方への不満を彼らのせいにする、これはデマゴーグ（民衆を扇動する政治家）たちがとる常套手段ですね。

*2　ホックシールド氏によると、トランプ支持者は「オバマ大統領だって、シングルマザーで、フセインというミドルネームで、黒人で、何でハーバードなんかに入れるんだ」、というような意識を持っているという。またクリントン氏が「トランプ支持者の半分は惨めな奴らで、もう半分は政府に見捨てられたと感じている人たち」と発言したことに対して、強く反発したともいう。

メディアの責任

――人々は、大統領候補者のポリシーの詳細や、本人の言っていることが嘘かどうかなどよりもむしろ、ルックスや、イメージ、うわさ、キャッチフレーズなどに繰り返し惹かれてしまうように見えます。民主主義の健全性を上げていこうとしたら、この傾向を何とかしないといけないのでは。

チョムスキー　もちろんそうです。メディアが何とかすべきです。今度の選挙戦で非常に顕著だったのは、メディアがほぼ完全に、重要課題を無視したことです。過去に類を見ないほどたくさんの大統領選取材があったにもかかわらず、共和党の予備選から、キャンペーンが過熱していく過程、大統領選挙、その後、それらすべての過程で、重要課題はまったく無視された。

二〇一六年の一一月八日には、二つの大きな出来事がありました。一つはアメリカの大統領選挙、もう一つは、約二〇〇か国が参加してモロッコのマラケシュ市で行われた、気候変動に対する会議（COP22）で、パリ協定をどのように具体的に履行するかを協議するものでした。生物の未来がかかったマラケシュ会議のほうが、はるかに重要な案件だったとも言えますが、ほとんど報道されなかった。

八日には、世界気象機関（World Meteorological Organization）が、気候変動によるかなり悲惨な未来予測リポートを発表しています。七日に会議が始まり、八日に世界気象機関がリポートを発表し、九日には会議は停止した。なぜなら、世界一の強大国であり自由世界のリーダーたるアメリカで、「気候変動はデッチ上げだから、アメリカは手を引く」と主張するドナルド・トランプが大統領に選ばれたことで、一挙に不安が広がったからです。そして世界文明の救済の側に回ったのは、独裁的で厳しい中国だった。民主主義の旗頭であり、自由世界のリーダーである国のほうは反対し、そのことをメディアはほとんど報道しなかった。驚くべきことです。

例えば、共和党の候補者全員が、気候変動に対して何ら対策を講じる必要がないという立場でした。そのほとんどが、気候変動そのものに対して、疑問の目を向けています。気候変動があるという立場をとる候補者であっても、化石燃料の使用をやめるとは言わない。これは過去二〇万年における人類最大の危機でしょう。あと一〇－二〇年の間に、気候変動による難民が、バングラデシュの海岸地域などで大量発生すると予想されています。南極の氷が解けることによる海面上昇によってです。

もう一つの重大案件は、ロシアの国境地域で起こっている緊張関係の高まりです。あくまでロシア国境近郊であって、メキシコ国境近辺ではないですよ。国境を挟んで、緊張関係はヒートアップしてきています。核戦略専門家によると、現在は核時代で最も危険な時期であると。しかし、候補者もメディアも、まったくこれに言及していない。

メディアが討論したのは、トランプが午前三時にツイッターに書き込んだミス・ユニバースに関するコメントについてで、これについては何か月も報道されたのに、人類の危機のほうは、まったく無視された。メディアの驚くべき怠慢です。

どうすべきか。メディアでも、教育関係の人でも、誰でも、人類の未来について真剣に考えている人たちが、この傾向を覆すために地道に努力を重ねるしかない。ツイッターで女性を卑下するようなコメントを発したとか、そういうのがあってもいいけれども、人類の存亡に関わるような問題とは、比重がまるで違って当然でしょう。

――メディアは、選挙結果の予測を大きく誤りましたね。

チョムスキー　必ずしもそうとは言えません。メディアは僅差でクリントンの勝利を予測していました。実際、一般投票結果はその通りだった。メディアや世論調査が予測できなかったのは、時代遅れの政治システムが、（中西部の）保守的なグループに想像以上の大きな権限を与えている（一票の重みに格差がある）ということです。そこに注意を払わなかった。でも一般投票の結果についてはほぼ正しかったのです。

確かなのは、トランプが予測不能だということだ

――トランプ大統領の下では、反グローバリズムになるのではないかという恐れがある一方、ロシアとの関係改善によって、紛争のエスカレートが抑えられるのではないかという希望もあります。トランプ氏の下で、アメリカはどのような方向に進んでいくとお考えですか。

チョムスキー　トランプの最も確かな点は、彼が不確かだということです。予測不能だ。すべての事柄について、ありとあらゆる発言をしています。彼が一体何を意味して発言しているのか、まったくわからない。本人にもわからないのでしょう。だから、彼が一体何をするのか、まったくわからない状態です。

もしロシアとの非常に危険な対立関係が緩和するのであれば、それは歓迎すべきことです。しかし、もし彼の得意とする「取引（deal）」というものが、プーチンとの間でうまくいかなかった場合、彼は頭にきてハチャメチャな行動に出るかもしれない。ミス・ユニバースが彼を批判した時と同じような、度を越した行動に出るかもしれない。彼は神経の細い誇大妄想狂です。彼がどのような行動に出るか、誰にもわからない。本人にもわからない。これは非常に危険です。

ＴＰＰ（環太平洋経済連携協定）についても、反対する彼の理由はまったく論理的じゃない。ＴＰＰ協定の内容については、非常に有害なものなので、再審議する必要がありますが、彼の提案はまったく意味がわかりません。彼の提案とは、高い関税をかけるというものですが、例えば中国製品に高い関税をかければ、すぐに中国から仕返しされることは目に見えています。それを傍らに置いても、アメリカ国内の商品価格が急騰して、彼の支持者たちが苦しむことになります。ごくわずかの生産者の仕事は保護されるかもしれないけれども、実に多くの人々、彼に投票した人たちが苦しむことになるわけで、意味がわかりません。熟考されたポリシーとは言えないですね。

為替操作ということにも言及しています。確かに検討すべき問題がありますが、彼の言うことは、全方向に向けて矢を放っているようなもので、たまに的に当たる場合もありますが、一体何をしたいのかわからない。本人にもわからないという状態です。

アメリカは孤立しつつある

――一方で、誰が大統領に選出されようと、それほど大きな違いはない、なぜなら、政府組織がすっかり複雑になっているので、彼や彼女個人では、それほど大きな変革をなしえないから、という見方をする人たちもいます。トランプ氏の予測不可能性と神経の細さ（傷つきやすさ）は、今後心配の種になるでしょうか。

チョムスキー　大統領は、大きな変革をすることも可能なのです。トランプだって、もし決意すれば、キャンペーンで約束した通り、気候変動に対する協議から撤退して、協議自体を抹殺することもできる地位にいます。ジョージ・ブッシュ（ジュニア）が京都議定書を拒否したことで、実質的にそれを抹殺したように、トランプにもできます。また、イランとの核協議から撤退することもできる。それは、複雑な結果を生むでしょう。

一つの可能性は、イランが核プログラムを独自開発していくことです。そしてイスラエルがそれに攻撃を仕掛ければ、大戦争に発展して、世界が破壊されるかもしれない。これを机上の空論と侮（あなど）れないのは、トランプ自身のみならず、彼が指名した閣僚の顔ぶれを見てみると、彼らが揃ってラジカルなイスラム恐怖症だからです。彼が指名した国家安全保障問題担当大統領補佐官（マイケル・フリン）は「イスラムは宗教ではなく、政治的なイデオロギーであり、われわれは彼らと戦争している」と発言しています（二〇一七年二月、フリンは大統領補佐官を辞任した）。世界のイスラム人口一六億と戦争しているということなんでしょうか。国防長官（ジェームズ・マティス）も同類です。

もう一つの可能性は、ヨーロッパ諸国が、アメリカの制裁を無視して、経済、貿易など、イランとの関係を保持し続けることです。二〇一六年一二月一日、共和党が多数を占める上院が下院に続き、イランに対して厳しい制裁措置を取ることを決めました。しかし、ヨーロッパがそれに追随しない可能性は十分にあります。そうなると、アメリカは一層孤立することになってしまう。

近年ますます顕著になってきているのは、アメリカが世界情勢から孤立しつつあるということです。マラケシュの会議でアメリカは孤立しました。西欧地域は、昔はアメリカの完全支配下にあったのですが、現在はアメリカが疎外されています。オバマがキューバとの関係正常化に第一歩を踏み出したのは、アメリカが西半球で完全孤立するのを避けるためです。すでにかなり疎外されている。

キューバ問題が大きなネックでした。西半球全体は、長いことキューバとの関係正常化を望んでいました。それを阻止していたのが、アメリカだった。もしキューバとの関係改善に踏み出さなければ、二〇一五年にパナマで開かれたサミット（アメリカ大陸全体のサミット：7th Summit of the Americas）に呼ばれない可能性だってあったのです。ですから、西半球から疎外され、気候変動会議から疎外され、イランとの核協議から撤退すれば、イランとの交渉からも外れる可能性がある。

アジアでは、ＴＰＰは放棄されるでしょうが、別の動きがあります。この地域における中国の経済的なシステムが増大してきています。他の国々もその流れに加わりつつある。オーストラリアや日本もそうでしょう。中国主導のアジアインフラ投資銀行（ＡＩＩＢ）には主だった先進国は参加していますが、アメリカは参加を見送った。ひょっとするとヨーロッパも、アメリカに頼らないもっと独立した路線を歩むようになるかもしれません。

――しかし、アメリカはまだ比類なき軍事力を持っていますから、どの国も無視することはできないのではありませんか。

チョムスキー　確かにそうです。おまけにトランプが軍事費を大幅に増大するつもりでいます。しかも閣僚に軍の司令官*3が指名されている。軍事システムがシビリアンコントロールから外れるのは、第二次世界大戦以来のことです。

＊3　ジェームズ・マティスはアメリカ中央軍司令官をはじめ、NATO（北大西洋条約機構）連合軍やアメリカ海兵隊など、いくつもの司令官を歴任している。

オバマ時代をどう捉えるか

——オバマ大統領の八年間を振り返ると、当然ながらポジティブとネガティブの両面がありま す。ブッシュ政権によってもたらされた経済の大破綻から国を救った、という功績がある一方、ドローン兵器によるテロ攻撃を始めたという責任もある。彼の大統領時代をどのように振り返られますか。

チョムスキー　オバマの経済破綻救済のやり方には、多くの批判があります。議会法令を見てみると、大銀行がもたらした経済破綻から彼らを救済するのと同時に、大銀行の詐欺（さぎ）的行為による破綻の被害にあった人々、つまり差し押さえで家を失った人々も救済するという、両方が承認されているのを確認できます。

しかし実際には、その片側しか実行されなかった。これは主要金融機関を救済するポリシーでした。その結果これらの金融機関は、以前にもまして強大で裕福になった。破綻をもたらしたのは彼らであるにもかかわらず、です。そしてその他は見捨てられた。これは経済救済の一つのやり方ではあるけれども、他のやり方もあったはずです。

3　ISと中東問題

IS誕生の土壌は、アメリカが作った

――アメリカ陸軍司令官であり、NATO最高司令官だったウェズリー・クラーク氏（NATOのユーゴスラビア爆撃を指令）が、CNNのインタビューに答えて、アメリカとその同盟国がISを作った、そしてもし中東に石油がなかったなら、アメリカはまったく介入していなかっただろうし、中東はアフリカ同様放っておかれただろう、と言っていましたが。

チョムスキー　彼は、アメリカが直接ISを作ったと言ったのではなく、ISが生まれる

土壌を培ったという意味で言ったのですね。それは、多くの諜報機関や解説者が指摘してきたことでもあります。イラク侵略は、もともと非常に脆かったシステムを、大槌で打つことになりました。そんなことをすれば、いろいろな影響が出てくるのは必至です。

そして侵略した側（アメリカ）は、セクト（宗派）による区別という方法を採用しました。政府のポジションなどを、セクト別に決めたりしたわけです。これが、それまでは存在しなかった、後のセクトによる紛争の始まりです。[*4] その後、侵略と占領による恐怖、暴力、テロ、拷問、破壊が始まると、時を経ずしてセクト紛争が誕生して、敵意と暴力に満ちたものに発展していきました。今では地域全体に燎原の火のごとく広がって、全体を破壊するような状態にまでなっています。これが、ＩＳが生まれる土壌形成の一つの要素です。

もう一つの要素は、アメリカの友好国であるサウジアラビアです。サウジアラビアはジハード・グループ（イスラム世界の拡大や防衛のための戦い〔ジハード〕を唱える組織）に資金提供してきています。国を挙げて布教活動をしていて、コーラン学校やモスクや聖職者への資金供与を通じて、非常に極端なイスラム原理主義であるサラフィー主義やワッハーブ主義を、地域にどんどん広げています。しかも彼ら自身が、最も極端なイスラム原理主義を実践している。[*5]

この、ジハード・グループに対する巨額の資金供与と、極端なイスラム・イデオロギーの促進、そして侵略によってもたらされた破壊とセクト紛争、これらが一緒くたになった土壌からＩＳが生まれたのです。

この地域の専門家の一人であるパトリック・コーバーン（フィナンシャル・タイムズの中東特派員）が、サウジアラビアを中心とするイスラム教スンニ派のワッハーブ主義化は、現代における最も危険な現象の一つだと指摘していますが、的を射た視点だと思います。

＊4　アメリカは、イラク戦争によってサダム・フセインを打倒した後、シーア派のマリキ政権を作って、スンニ派に対しては排除政策をとったため、宗派対立が激化し、イラク統治が不安定化した。そこに、ＩＳの前身である「イラクのアルカイダ」がスンニ派を味方につけて勢力を拡大する余地が生じることになった。

＊5　サウジアラビアは、厳格なワッハーブ派（スンニ派の一派）が国教となっているが、ワッハーブ派のうち特に過激なセクトがアルカイダやＩＳであり、彼らに資金提供をしている（二〇一六年一〇月にリークされたクリントン氏のＥメールで確認された）。

イラク戦争の真の目的とは

チョムスキー　アメリカの中東への関心ということで言えば、一九四〇年代、アメリカの政府高官たちは、中東の石油資源を、「比類なき戦略的資源」とか「歴史上最も大きな捕獲品」と言ってはばからなかったんですね。当時アメリカは石油の最大輸出国でしたから、アメリカ自身は中東の石油を必要としていませんでしたが、中東の石油を支配することが、世界を支配する上でのカギとなることを知っていました。中東支配計画の中心人物の一人だったジョージ・ケナン（アメリカの外交官、政治学者）は、アメリカの中東石油資源支配が、日本に対する拒否権の役割を果たすと明言しています。ヨーロッパに対しても同じような効果があると。

――アメリカには、もともと中東の七か国を五年間で制覇する計画があったということが、9・11の後、CIAメモによって明らかにされました。9・11は、先行したアメリカの中東支配計画を実行するための、口実として使われた面もあるのでしょうか。

チョムスキー　そのメモの件は、ウェズリー・クラーク司令官が言及したことで、よく引き合いに出されますが、アメリカの公式な計画として確立していたようではないですね。それでも、9・11が、ブッシュ政権が以前からやりたいと考えていたこと、つまり「イラク侵略」を、実行に移すための口実になったことは確かです。「イラク侵略」は彼らにとって、戦略地政学（地理的な要素を考慮した外交政策）的に意味があることだった。制裁を加えられて痛めつけられていたとは言うものの、イラクは中東の最先進国で、世界有数の産油国でもありましたし、石油産出地域の中央に位置しています。

アメリカの公式な戦争目的は、当初明確には示されておらず、侵略の最後のほうになって――つまりイラク崩壊が避けられないようになってから――二つ判明しました。一つは、アメリカが中東地域支配を目的とした、常設の軍事基地をイラクに設置すること、[*6]二つ目は、イラクの石油資源に対して、アメリカの石油会社が優先的なアクセスを手に入れることでした。実際にはアメリカは、これら二つとも実現できなかった。

イラク戦争は、アメリカにとって大きな敗北となりました。イランにとっては勝利でしたが。そして中東地域の人々に、大打撃を与える結果となってしまった。イラクの崩壊に続いて、先ほど述べたような様々な混乱が噴出することになったわけです。

＊6　アメリカは常に新しい軍事基地を作ることに熱心で、一九九九年のNATO軍によるユーゴスラビア爆撃後、コソボ、アルバニア、マケドニア、ハンガリー、ボスニア、クロアチアに軍事基地を設けているし、二〇〇一年のアフガニスタン爆撃後、アフガニスタンとパキスタン、ウズベキスタン、

タジキスタンなどに、基地を建設している（ウィリアム・ブルム『アメリカの国家犯罪全書』作品社）。

――「アラブの春」を引き金として二〇一一年に始まったリビア内戦では、NATO軍率いる多国籍軍が介入して、カダフィー大佐を殺害することによって、四二年続いた彼による統治を崩壊させました。その後リビアは第二次内戦が続き、国内は惨憺たる状況のようですが、リビアの状況をどのように見ておられますか。

チョムスキー　カダフィー攻撃については、もっぱらイギリスとフランスがリードして始めたことで、アメリカが追従したのです。「停戦」と「市民保護」と「折衝」を旗頭にしてリビアを脅かし、国連安保理決議を強行したにもかかわらず、帝国主義の寡頭三国は、自分たちが決裁した安保理決議に違反し、反政府勢力に加担してリビア空爆を始めました。それによって、犠牲者の数が急上昇し、破壊も一挙に拡大し、国を崩壊させる結果となったのです。今では戦争と武装組織の台頭によって、国はボロボロとなり、リビアから大量の武器が、西アフリカから東地中海地方にかけて流出し、これらの地域からの難民が、ヨーロッパに大量流入する事態に陥っています。

リビア爆撃は、あらゆる面から見て、完全なる大失敗でした。リビアがこの状態から立ち直れるかどうか、まったく定かではありません。これらの国々は、帝国主義に根差した破壊によって、大被害をこうむってきています。リビアは、二〇世紀初期にイタリアに征服され、イタリア人による大量虐殺を含めた大変な暴行を受けています。

イランのほうは、主としてイギリスがコントロールしてきたのですが、第一次世界大戦中に、大戦の最も残虐な行為の一つがイランで起こっています。主としてイギリスの政策のために、イランの人口の四分の一から二分の一というような大量の餓死者が出たのです。飢饉の際に、イランの食料を奪い、食料の輸入をブロックし、イランの財政発展を妨げたからです。歴史の隠された醜い事実の一つです。中東地域は何百年にもわたって、帝国主義の暴力と破壊の餌食となってきて、今でもそれが続いているのです。

混迷するシリア情勢と難民問題

――難民について言えば、ヨーロッパの国々が、シリアからの難民に対して扉を開いているわけですが、現在の移民問題についてはどのように見ておられますか。

チョムスキー　シリアは大変な惨状をきたしています。何十万人もの人たちが殺され、何百万人もが国を脱出しています。気候変動問題も原因の一つです。シリアの民衆蜂起に数年遡って、前例がないほどのひどい旱魃が国を襲いました。おかげで地方の農村地域から都市への大量の人口流入が起こったのです。これが、そもそもの不安定と紛争の土壌を作ることになりました。そこに、「アラブの春」に刺激されて、マイルドな変換への要求が芽生え、それに対して、アサド政権が極端な強硬手段を使って暴力的な反撃を行い、軍による反乱へとつながって、国が破綻することになったのです。[*7]

強硬手段に訴えるアサド政権は、ロシアとイランの後ろ盾を得ています。ジハード・グループのほうは、サウジアラビア、カタールそしてトルコといったアラブ諸国の支援を受けています。特にトルコは、アルカイダと連携している主要ジハード・グループである「アル＝ヌスラ戦線」——これはＩＳとほぼ同じような組織ですが——を支援しています。そして国民は、それらの間で身動きが取れないようになっている。シリアの中で、何とか統制が保たれている唯一の地域が、クルド人地区なのです。でもトルコにとって彼らは、主要な敵ですね。

おまけにアメリカの政策は、まったく支離滅裂で一貫性がない。ＩＳと戦っているというけれども、ＩＳの攻撃から国民を守っているグループまで攻撃している。内情はやや複雑ではあるものの、クルド人軍部の多くは、アメリカのテロリスト名簿に挙げられているのです。クルド人自治区を、そしてイラク政府を、ＩＳの攻撃から守ってきたクルド人の地上戦士たちは、アメリカのテロリスト名簿に載せられている。そしてトルコが彼らを集中的に攻撃している。まったくもって矛盾しています。

アメリカの国務長官であるジョン・ケリー（二〇一七年一月二〇日まで在任）が、シリア問題は、シリア政府にたとえどんなに問題があるにせよ、アサド政権を話し合いの中に入れなければ解決の緒につかないと、初めて公式に認めました。アサド政権は、自滅する兆候はまったくないですから、彼らを外したいかなる折衝も、即刻行き詰まってしまうことは明白です。好き嫌いは別として、彼ら抜きには前へ進めない。ケリーが認めたのはそういうことです。しかしこれは、アメリカの友好国であるトルコを激怒させました。実情がこれほど悲劇的でなければ、このもつれ合った状況はまったく喜劇です。

ヨーロッパが移民に扉を開いたかという点ですが、まったくそうじゃないでしょう。ドイツは八〇万人の難民受け入れを表明しましたが、ヨーロッパが「移民危機」と称している移民の数は、想定している移民がすべてヨーロッパに来たとしても、ヨーロッパ全人口の一％程度なんですね。

対して、実際に大量の難民を吸収している国々もある。例えばレバノンです。小さな貧しい国ですが、おそらく人口の二分の一ないし三分の一くらいは、移動してきた難民でしょう。一％なんてものではないですね。ヨルダンも大量の難民を受け入れてきました。イランも同様です。

*7　シリア紛争は二〇一〇年一二月のチュニジアから始まった「アラブの春」に端を発しているが、実は様々な要因がからんでいる。アサド政権は、シーア派の分派ではあるけれども宗教色の比較的薄いアラウィー派という少数派が占めており、そのことに宗教色の濃いイスラム主義派（スンニ派やシーア派）が反発したこと。アサド政権が所属するバース党の反欧米で親ロシア・親イランの政治姿勢。さらにアサド政権が、強いスンニ派イスラム主義で親米国であるサウジアラビア並びに湾岸諸国と対立していること。イスラエルの隣国であるために、イスラエル・パレスチナ問題に必然的に巻き込まれてしまうこと。これらの事情が重なって、「ハッキリ言って何か大きな進展があるとは思えないけれど、いかにゆっくりでも話し合いを続けなければ、地獄が待っているだけだ」（ラフダール・ブラヒミ前国連アラブ連盟シリア特使）というような状況にある。

——サウジアラビアは受け入れていませんね。

チョムスキー　そうです。サウジアラビアは誰も受け入れていません。アラブ湾岸諸国（クウェート、バーレーン、イラク、オマーン、カタール、アラブ首長国連邦、そしてサウジアラビア）はいずれも受け入れていません。一方シリアは、紛争が勃発するまでは難民を受け入れていました。

全体を見渡してみれば、大量に難民を受け入れている国々があることに気づきます。中東の小さい貧しい国々です。対して、アメリカやイギリスなどの難民を生み出している国々は——例えばイラク侵略によって、一〇〇万－二〇〇〇万人の難民が生み出され、今も増え続けているわけですが——、なかなか難民を受け入れないのです。これが現状です。

ヨーロッパも少しは難民を受け入れていますが、その多くはアフリカから来ています。人々がアフリカからヨーロッパに流れては行っても、その逆の流れが起こらないのには理由があります。三〇〇－四〇〇年にわたるひどい帝国主義支配がいまだに尾を引いているのです。

4　なぜ戦争をするのか

プーチンにも一分の理

――ウクライナの状況についておうかがいします。以前、プーチン大統領の行動にも一分の理がある、とおっしゃっていましたが、どういう意味でしょうか。彼の行動は、西欧に追いつめられての反動だと解釈することもできるということでしょうか。

チョムスキー　プーチンはけっしてナイスな人物ではない。一緒にディナーしようとは思わないですね。でも一分の理があることは認めます。一九九〇年、九一年に遡りますが、ソ連が崩壊した際、いろいろな選択肢がありました。ゴルバチョフ書記長が提案したのは、ロシアとシベリアを含めた、ヨーロッパ統一安全保障システムです。しかし東と西、二つの中心を備えた統一安保システムは、残念ながら考慮もされなかった。

代案は、NATOが拡大するというものです。ロシアの国境領域近くまで迫るもので、実際こちらはすぐに実行されました。（NATO軍は一インチたりとも東に動くことはないという）ゴルバチョフ書記長とブッシュ（シニア）大統領との口約束に反して、NATO軍は会談後すぐに東ベルリンに進出しました。その後クリントン時代には、NATO軍はロシア国境領域にさらに近づいた。

ウクライナに関しては、NATOに組み入れるという提案がありました。これは、どのロシア大統領にとっても受け入れることのできないものです。ロシアにとって、戦略地政学的に見ても中核となる地域ですし、歴史的に深いつながりがありますから。歴史を通じてウクライナは、独立していたことのほうがずっと少ない国です。国はおおよそ東と西に分かれていると言っていいでしょう。東部はロシア語を話し、ロシアと通商を行い、ロシア文化の影響も強い。西部は、ポーランドやドイツなどと強くつながっています。

ではどんなウクライナがいいのか。多様な民族や文化や言語を許容して、自由にどことでも通商するような形がいいのか、それとも西欧式の一つの国として統一されて、誰もがその傘下に取り込まれ、NATO軍陣営に入るのがいいのか。後者はもちろんロシアが納得しませんね。

たとえて言うならば、もし一九八〇年代に、ワルシャワ条約機構（冷戦時代にソ連を中心とする東欧諸国が結成した軍事同盟）が、まず南アメリカを取り込んで、次はメキシコとカナダを傘下に入れる計画だと発表したら、アメリカは黙っていないでしょう。だからと

ウクライナ東（南）部と西部の比較

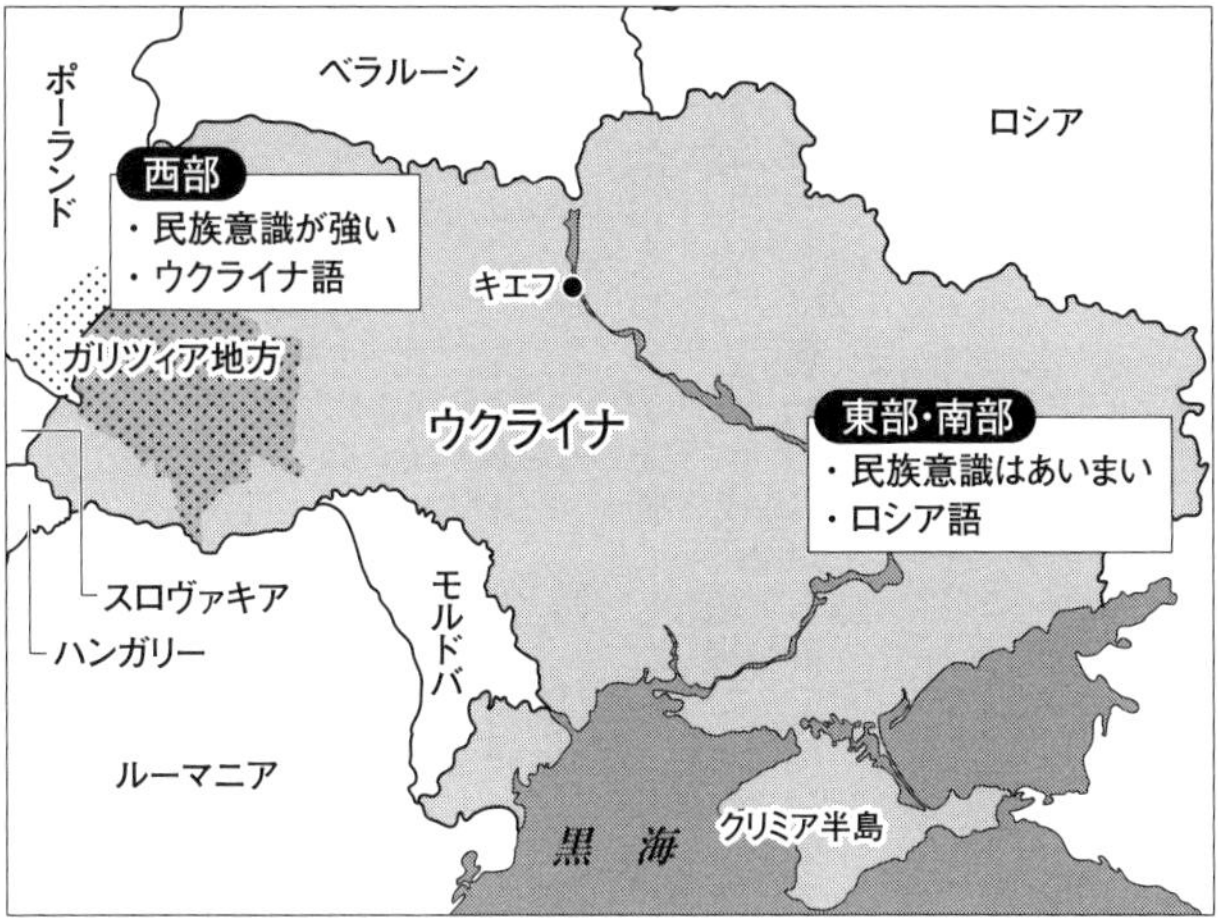

言って、プーチンの行動が正当化されるわけではありませんが、その行動の背景を理解することは重要です。

強権発動の背景

――二〇〇三年のミハイル・ホドルコフスキーの投獄、二〇〇六年のアレクサンドル・リトビネンコの毒殺、二〇一五年のボリス・ネムツォフの暗殺など、ロシアでは、多くの反体制派の人たちやジャーナリストたちが、プーチン大統領を批判したために、投獄されたり暗殺されたりしています。ロシアでは、言論の自由が、大きく制限されているようにも見えますが、ロシアはどのような国なのでしょう。プーチン大統領とは、どのような人物なのでしょうか。

チョムスキー　彼はもともと秘密警察ＫＧＢ出身です。ソ連は一九九〇年代初めに崩壊しました。崩壊後に市場原理を急速かつ強引に導入したことが、国を荒廃させ、ロシア経済の約五〇％は縮小し、スターリンの粛清スケールに匹敵すると言ってもいいくらい、何百万人もの人たちが死んでいます。経済的にも人口統計上も、大惨事でした。そして国際関係上も、その力は急速に衰えたのです。

　プーチンが大統領になった時、彼はそれを元に戻したかった。かなり強権を発動しました。経済的にもロシアを強くしたかったし、国際関係上も存在感を取り戻したかった。あなたが指摘したことは、その過程で起こったことです。強権を発動した際にとられた手段ですね。けっして褒められたものではないですが、当時あの周辺地域で起こっていたことと、さして変わりません。

　たとえば、アメリカやＮＡＴＯの友好国であるトルコを見てみると、もう何年もジャーナリスト抑圧国として、世界一位ないしそれに準ずると指摘されているのです。クルド人は常に抑圧されてきました。今世紀初頭には少しそれが緩(ゆる)んだのですが、また締めつけが厳しくなっている。南東トルコのクルド地区では、かなりひどい残虐行為が行われています。

北イラクを地盤とするゲリラ組織ＰＫＫ（クルディスタン労働者党・クルド人の独立国家設立を目指す武装組織）との紛争もエスカレートしています。まだシリアほどひどくはないですが、かなりの惨状をきたしています。

ちょうど中央アメリカの状態に似た、過酷な状況ですね。中央アメリカにおける惨状が、同地からアメリカへの移民の流れを生んでいるわけですから。

「集団的自衛」という言い訳

――実際、いくつかの軍産複合体は別としても、ほとんど誰一人として戦争をしたい人はいないわけです。なぜわれわれは戦争を始めるのでしょうか。人間の本能的なテリトリー意識に基づく攻撃性ないし、恐怖に根ざした攻撃性からなのでしょうか。

チョムスキー　どの戦争かによります。第一次世界大戦は、ある種の偶然から始まっています。予定していなかった事件がいくつか重なって、あっという間に国粋主義的なヒステリーが高まり、ヨーロッパは、「互いに殺し合う」という、何百年もの間続いていたいつものゲームに陥ってしまったのです。第二次世界大戦は、ヒトラーの攻撃性から始まっています。イラク戦争は、ベトナム戦争と同じで、ストレートな攻撃性に基づいた侵略行為です。戦争は様々です。

今日、世界大戦をするのはまったく不可能です。もし核戦争が起こったら、核兵器を発射した国は破壊されてしまいます。反撃されなくても、核の冬によって滅びてしまうことはよく知られている。ですからロシアとアメリカが、何千という核兵器を装備しているのは、狂気の沙汰です。一〇〇―二〇〇の核兵器で、世界は完全崩壊してしまうのですから。

核兵器時代になっても世界が存続し続けているのは、ある意味奇跡的なことです。事故やミス、そして無謀な計画によって、核戦争の瀬戸際まで行ったことが実は何度もあるのです。本当に奇跡としか言いようがない。このまま続くとは思えません。

――日本は、中国、北朝鮮、韓国など近隣諸国の状況も視野に入れて、二〇一五年、自衛隊が集団的自衛権を行使できるように、安全保障関係の法律が改正されました。これまでは、同盟国の軍隊と共に国外で戦闘に加わることはできなかったのですが、できるようになった。ある意味で、日本は「普通の国」になろうとしているとも言えるのかもしれません。実際、国際社会では、軍事力と経済力が大きな発言力の源泉となっていることも確かですし。

チョムスキー　これは非常にネガティブな展開です。日本は明治維新から第二次世界大戦終了まで「普通の国」でした。その状態が良かったとはけっして言えないでしょう。日本がNATO軍と共に「集団的自衛権」と呼ばれるものを行使するということは、すなわちイラクや中東の国々を破壊するということを意味するのです。リビアの破壊や、中央アメリカの国々の政府軍によるテロ行為などに加担するということになります。「自衛」とは言っていますが、そんなことを言い出したら、何でも「自衛」でしょう。[*8]

ヒトラーがポーランドを侵略した際に使ったのが「自衛」という理由でした。「無謀なポーランドのテロ行為」からドイツを「自衛」するということだった。チンギス・カンもおそらく、自分の行為は「自衛」だと言ったでしょう。「自衛」という言葉は無意味です。単なる侵略と暴力のことだ。

日本の平和憲法は、完璧ではないにしろ、おそらく世界中が見習うべきものです。第二次世界大戦後に生まれた、重要な進展だったと言えます。それが崩されていくのを見るのは、残念としか言いようがありません。

＊8　レーガン大統領時代にアメリカが、ニカラグアの親米ソモサ独裁政権を倒したサンディニスタ

政府打倒のために、コントラ部隊を特訓して送り込み、惨憺たる内戦を引き起こした時も、「エル・サルバドル、コスタリカ、ホンジュラスで左寄りゲリラを支援するニカラグア政府に対して「集団的自衛権」を行使しただけだ」という論理だった（*NY Times*, Paul Lewis, June 27, 1986)。一九八六年に国際司法裁判所は、アメリカの侵略的武力行使は国連憲章違反であるとして、侵略行為の即刻停止と賠償金の支払いを命じたが、アメリカは判決受け入れを拒否した。

――日本が「集団的自衛権」を確立して、アメリカとのつながりを強化する方向に向かっているのは、別の選択肢がないからだと見ることもできます。中国やロシアと同盟関係を結ぶのは、かなり無理がありますし。

チョムスキー　日本は、文化的、商業的そして他のあらゆる面でも、アメリカとの同盟関係を維持しながら、国連安全保障理事会が決断するまで、あるいは軍事的な攻撃に対する防御として安保理が行動を起こすまで、脅迫や軍事力の行使を禁じた国連憲章を遵守(じゅんしゅ)していくのがいいでしょう。これで、アメリカの軍事力行使に加担することを避けることができます。

なぜレーガン政権は、国際法に準ずるようにと促した安保理決議を再三拒否したのか、*9

なぜ今日アメリカは、信憑性がないという理由で、国際司法裁判所が「侵略は犯罪だ」と認めることを阻止しようとしているのか、それらには十分な理由があることを知っておくべきです。

＊9　国連安保理事会決議に対してアメリカが初めて拒否権を発動したのは、一九七〇年のニクソン時代、キッシンジャーが国家安全保障担当補佐官だった時。以来、特に中東でのイスラエルの行為を擁護するために何度も拒否権を発動することになったが（アメリカの大統領選挙の時期になると、ユダヤ系列の支援を得るために発動されたこともある）、拒否権発動が最も多かったのは、臆面なき親イスラエル政策をとっていたレーガン大統領時代だった。キッシンジャーと同じく強硬な親イスラエル姿勢をとっていたジョージ・シュルツ国務長官の下、イスラエルのレバノン侵略や領土返還拒否などを批判した安保理決議に対して、イスラエル擁護のために一八回も拒否権を発動している。一九八二年だけでも六回という記録を作った（*Washington Report*, Donald Neff, 1993, p. 82）。

諜報活動とは国民をコントロールするためのもの

――機密は、国を強くするでしょうか、それとも弱くするのでしょうか。また、大規模な監視と諜報活動は、何のために行われるのでしょう。

チョムスキー　過去の外交関連の機密文書を調べてみればよくわかることですが、非常にハッキリしているのは、政府は、国民から自分たちを守るために、監視と諜報活動を行っているということです。国家の機密を守るというケースも無きにしも非ずですが、活動のほとんどは、政府が国民から自分たちを守るために行われているのです。

ペンタゴン・ペーパーズ（国防長官ロバート・マクナマラの指揮のもとに作成された、一九四五年から六七年にかけての、ベトナム戦争の詳細な経緯の記録）の例を見てみましょう。あれがニューヨーク・タイムズにリークされて、機密漏洩だと糾弾されたわけですが、あの中に記録されていたことはすべて、民主主義国家であるならば、決断を下すための判断材料として、アメリカ国民が当然知っておくべきことだった。ところが、国民には秘密にされていました。ロシアや中国や北朝鮮に対して秘密にしておくべきことは、何も書かれていなかった。自国民に対して秘密にしておいたことが書かれていたのです。

これは何度も繰り返し起こっています。エドワード・スノーデンが、ＮＳＡ（国家安全保障局）による広範で違法な諜報活動を暴露した際も、アメリカ政府はすぐに、ＮＳＡのプログラムは五四ものテロ行為を未然に防いだ、と主張しました。メディアが調べると、それが一二のテロ活動と修正され、さらに議会が調べると、たった一つだったということになって、しかもその一つの「テロ活動」の中身は、誰かが八五〇〇米ドルをソマリアに送金した、というものだった。唯一それだけが、この巨大な課報活動の「成果」だったのです。

課報活動とは、国民をコントロールすること、そして政府のやることをすべて肯定するためのものです。安全保障と防衛が目的ということになっているけれども、文書をよく調べてみると、それは微々たるものであることが明白になります。そもそも政府というものは、おのずと国民を敵視するようになり、統制しなければならないと考えます。権力システムとは、本来そういうものでしょう。

「正義」は勝者が独占する

――ヘンリー・キッシンジャーは、「一般人は、個人レベルのモラルというものが、国家レベルにも当てはまると考えるけれども、実はそうじゃない。政治家は時として、悪い選択肢しかない中から選ばなければならないこともあるからだ」と言っています。個人レベルと国家レベルのモラルの乖離ということについて、同意されますか。

実際問題として、人を一人殺めると一生収監されるのに対し、「正当な戦争」という名の下では、何千人殺しても許されてしまうわけですが。

チョムスキー 「正当な戦争」というのは、勝者の論理です。勝者は自分たちの犯罪を償う必要がなくて、敗者は償わなければならない。

東京裁判は、言及するのもばかばかしいほど完全なる茶番ですから、まったく論外ですが、例えばニュルンベルク裁判の例を見てみると――あれはおそらく、最もリーズナブルな国際裁判であったと思いますが――、そこで糾弾された犯罪は何であったのか。これは非常に明白です。もしドイツが罪を犯して、連合国側がその罪を犯していなかった場合は、それは犯罪である、と。しかし、もしドイツが罪を犯して、われわれも同じ罪を犯していたら、それは犯罪にはならない、と。これがニュルンベルク裁判の論理でした。

例えば、市街地における一般人への集中砲火は、犯罪とはみなされなかった。連合国側がドイツ側よりも多くこれを行ったからです。アメリカ海軍司令長官が、「アメリカ軍も対日戦線で同じことをしていた」と証言したことによって、ドイツの潜水艦隊司令長官カール・デーニッツ（ヒトラー自殺後大統領となり、無条件降伏を受け入れた）は、一部の起訴事項に対して無罪となりました。

当時のアメリカの検察側弁護士テルフォード・テイラーは、「戦争犯罪とは、自分たちが犯さず、相手側が犯した罪のことである」と皮肉を込めて言っていますが、これが「勝者の正義」と呼ばれているもので、常識なのです。

5 テクノロジーの進歩と人類の未来

「シンギュラリティ」はファンタジーか

――イスラエルの歴史家ユヴァル・ノア・ハラリによると、われわれはおそらく最後のホモ・サピエンスであり、あと一〇〇年ないし二〇〇年しないうちに、われわれは自らを滅ぼすか、あるいは、テクノロジーを使って無機的なポスト・ヒューマンに発展していくだろう、と。

過去四〇億年、生物は「自然選択」によって進化してきて、生命は有機的（オーガニック）な存在にとどまっていたけれども、今後は初めて、インテリジェント・デザイン（創造説が説くような「万能な存在」というものになった人類が、自らをデザインすること）によって進化していくことになり、ホモ・サピエンスとポスト・ヒューマンとの間には、超えることのかなわぬ差が生じていって、約五〇%にも上る人間が職を失い、役立たずになるだろう、と彼は予測しています。これについてはどのようにお考えですか。

チョムスキー　空想です。完全なるファンタジー。信ずるべき何ものにも基づいていません。確かに現代ではロボット化が進んでいます。それはいいことでしょう。なぜ人間が退屈で危険な仕事をしなければならないのか。人間はもっとクリエイティブで満足できるような仕事に就くほうがいいでしょう。しかしロボット化は労働市場にそれほど影響をもたらしてはいません。低スキルの仕事はまだ山ほどあります。

また、テクノロジーによる変化というものも確かにあります。生産性が上がるとか、低スキルの仕事を減らして高スキルの仕事を増やすとか。しかし、AIが人間の知能を超えるというアイディアは、今のところ完全なる夢です。どのようにしてそれを実現するかというコンセプトはまだないですし、その夢を支えるような証拠もない。世間で騒がれているAIの業績というのは、膨大なデータとコンピュータの高速な計算力に頼ったもので、それらは、何を求めるべきかを知っている人間がデザインしたプログラムによって、ガイドされているのです。

——ディープ・ラーニング[*10]などは、マシーン自身が学習能力を持っているのでは……。

＊10　脳の神経細胞のつながりの一部を人工的にシミュレートしたものをニューラル・ネットワークと呼んでいる。これはもともと、「学習によって神経細胞のつながりは強化される」という、ドナルド・ヘッブ（カナダの心理学者）の仮説に基づいて開発された。ニューラル・ネットワークを多層化してパターン認識能力を向上させたものが、ディープ・ニューラル・ネットワークで、このディープ・ニューラル・ネットを使ってコンピュータに様々な学習をさせるのが、ディープ・ラーニング（深層学習）と呼ばれる機械学習だ。囲碁の名人に勝った「アルファ碁」や猫という概念の学習に成功した「グーグル・ブレイン」などはこの例。

チョムスキー　ディープ・ラーニングも同じ原理です。ディープ・ラーニングでは、ＡＩが膨大なデータを使って繰り返し学習を重ね、少しずつ上達していって、最終的に実際の知能を真似るところに達する。役に立つこともあります。例えばグーグルが開発した翻訳システムなど役に立つでしょう。でも、科学的あるいはインテレクチュアルには、まったく何の意味も興味を引くところもないでしょう。実際の知能の働きとはかけ離れています。やってはまずいということはないですが、ブルドーザーだってあったらまずいということはないですから。しかし、これが何かまったく新しい知能になるという見方には、まるで根拠がないと思います。

量的拡大は知性の本質と結びつかない

――発明家であり未来学者でもあるレイ・カーツワイルは、人間の脳のリバース・エンジニアリング（脳を観察、分解、解析して、その原理を突き止めるやり方）をして、自然言語を含む人間の知能を再現しようとしているわけです。彼によると、テクノロジーの飛躍的成長は止めようがないと、いずれバイオロジーとＡＩとが合体するシンギュラリティに向かって、われわれは進みつつあるというわけですが。

チョムスキー　彼らが素敵なレストランでコーヒーを飲みながら会話として楽しむにはいいでしょう。しかしその主張には何の証拠もないですね。

私が研究してきた自然言語分野について言えば、われわれは五〇年前に、もし自動翻訳をするなら力任せにやるしかない、巨大なデータを集め、コンピュータの計算力が高速になるから、より多くのデータを蓄積して対応するのだと言っていました。実際三〇年後に、このやり方が実践されたわけです。

例えばカナダの国会議事録はフランス語と英語で表記されているのですが、両者を比べてみれば、両言語がだいたいどのように対応しているのかがわかります。この方法で、グーグル翻訳のように、ある程度役に立つものができる。ただしこの場合、科学的あるいはインテレクチュアルな意味はまったくゼロです。

人間についての話になると、途端に、なぜか人々は惑わされてしまう。昆虫について話をする場合はそうじゃないですね。ハチやアリといった昆虫は、大変優れた飛行ないし運行能力と、ミツバチのダンスに見られるようなコミュニケーション能力を備えています。この実験はあまりにばかげているので誰もまだやったことはありませんが、何百万という数のハチやアリの行動をビデオにとって学習すれば、あるハチが巣を出た後、次にどのような行動をとるのか、かなり高い確率で予測することができるようになるでしょう。

ただし、なぜこういった行動が起こるのか、ということを突き止めるのは科学の大きなテーマですが、単にハチの行動を真似することにはまったく意味がない。他の生物にたとえて考えてみれば、よく理解できることです。もしこのような、ハチの飛行をただ真似るためだけの研究費を申請したら、グーグルならお金を出すかもしれないけれども、科学機関では相手にされないでしょう。

ところが人間の話となると、「シンギュラリティ」などと称して、まったく非理性的になってしまう。われわれは他の生物を考える場合は、非常に理性的なんだけれども、自分たちのこととなると、突如として非理性的になってしまう傾向があります。

巨大資本を背景にしたPRですね。テクノロジーが急速に発展しているということは確かです。より多くの情報をより早く処理できるようになる。クォンタム・コンピュータ（量子コンピュータ）も出てきて、これに拍車がかかるでしょう。しかしこの量的拡大が、知能や創造性の本質についての洞察をもたらすという徴候もありません。ずっとシンプルなハチの飛行の本質についてさえわからないでしょう。

人間が地球環境を左右する時代

――しかしわれわれの存在そのものが、地球四六億年のデータの蓄積の結果であるという見方もできるのではないですか。進化の過程で単細胞生物が誕生したころ、のちのち何十億という細胞が集まることで「自己」とか「意識」といったものが創発されることは、まったく予想もしていなかったわけで。

チョムスキー　ほとんどすべての生物は、ほぼその誕生時点で決まっていたと言ってもいいかもしれません。われわれのような複雑な生物は細胞でできていますが、これらの（真核）細胞と細菌などの（原核）細胞は、専門家でないとなかなか区別がつかないくらいよく似ていて、非常に複雑な構造をしています。原核細胞は、出現してからほとんどその姿を変えていません。

多細胞動物はこれまで、それぞれ非常に異なる構造をしていると考えられていましたが、実はかなり均一だということがわかってきています。現存する生物のほとんどは、およそ五億二〇〇〇万年前ごろの「カンブリア爆発」期に出現し、以来それほど変わっていない。それらの生物がすべて「自然選択」で出てきたというのも、おそらく間違いでしょう。ダーウィンが提唱した「自然選択」は、確かに進化の要素には違いないですが、他にも要因はいろいろあります。

人間の言語も「自然選択」の結果出てきたわけではないでしょう。おそらくごくわずかの神経網の接続が、突然変異によって変化したのが始まりなのではないか。

そしてここ数千年の間でも、急激な環境変化が起こっています。それらは「自然選択」の結果ではなく、われわれ人類が原因で起こってきていることです。われわれは、地質学者が言うところの地質学的新時代である「新生代（第四紀）」にいます。「更新世」は約二

地質時代区分

顕生代（5.5億年）	新生代（約6500万年）	第四紀（約250万年）	人新世
			完新世（約1万年）
			更新世（約250万年）
		新第三紀	
		古第三紀	
	中生代	白亜紀	
		ジュラ紀	
		三畳紀	
	古生代	ペルム紀	
		石炭紀	
		デボン紀	
		シルル紀	
		オルドビス紀	
		カンブリア紀	
原生代（20億年）			
始生代（15億年）			
冥王代（5億年）			

五〇万年、「完新世」（約一万年前から現在）は約一万年続きました（図参照）。

そしてわれわれは現在「人新世（Anthropocene）」、すなわち人間が地球環境に大きな影響を及ぼすようになった時代に生きています。核時代の幕開け、つまり第二次世界大戦の終わりを「人新世」の始まりとすることに、多くの科学者が同意しています。すなわち人類が地球を滅ぼす力を備えた時ですね。これは「自然選択」の結果ではなく、人類の選択の結果です。そういう時代にわれわれは生きているのです。

——最後に、人生の意味は何だとお考えですか。

チョムスキー　それは、各個人が決めることですね。私からの答えはないです。

第2章 シンギュラリティは本当に近いのか？

——レイ・カーツワイル

Photo by Matt Beardsley

Ray Kurzweil

1948年、ニューヨーク生まれ。マサチューセッツ工科大学(MIT)卒。発明家、思想家、未来学者。人工知能研究の世界的権威であり、グーグル社で技術部門のディレクターの一人として活躍。カーツワイル・シンセサイザー、文章音声読み上げマシンなどを発明、その功績からレメルソン-MIT賞やアメリカ国家技術賞を受賞した。著書に*The Age of Spiritual Machines*(1999、邦訳『スピリチュアル・マシーン』翔泳社)、「シンギュラリティ」という概念を世界に広めた*The Singularity Is Near*(2005、邦訳『ポスト・ヒューマン誕生』NHK出版、同書エッセンス版『シンギュラリティは近い』NHK出版)、*How to Create a Mind*(2012)などがある。

失敗とは、延期された成功のことだ。

――レイ・カーツワイル

われわれはすでに、コンタクトレンズ、インプラント、ペースメーカー、人工関節、人工臓器、人工骨盤など、バイオニックな存在になり始めている。また、抗生物質やワクチン、衛生環境の改善などによって、寿命はここ一〇〇年のうちに二・五倍も伸び、この先さらに伸びていく可能性が十分あるようだ。人類が遺伝学、ナノテクノロジー、ロボット工学などを取り入れることで、「ホモ・サピエンス」という存在から、知能、身体能力、判断力などを飛躍的に伸ばした「ポスト・ヒューマン」という存在になっていくこの急速な流れは、もはや止められないとも言われる。

将来は、映画『ターミネーター』のような人間対AIという敵対関係ではなく、AIは人間の中に組み込まれていって、人間はAIすなわちテクノロジーと一体化していくという。驚異的なスピードで成長を続けるテクノロジーは、そう遠くない未来に、その先どうなるのかまったく予測不可能な臨界地点に到達するのだとも。その地点を、物理学の用語を借りて「シンギュラリティ」(技術的特異点)と名づけ、早くも二〇四五年までにはその地点に到達するとして、その詳細を大胆に予測しているのがカーツワイル氏だ。

彼は、発明家にして、未来学者、コンピュータ・エンジニアでもあり、実業家でもある。シンセサイザーや音声認識機、朗読機など、数々の発明で知られ、アメリカ国家技術賞はじめいくつもの賞を受賞している。二〇一二年、六四歳にして、生涯で初めて会社勤めをすることになったグーグルで、技術部門のディレクターの一人として活躍。「究極の思考マシーン」(フォーブズ誌)とか「じっとしていない天才」(ウォールストリート・ジャーナル)などと呼ばれたこともある。

人間の直感は今のところたいてい、1、2、3、4、5、……というふうに、線形の考え方になってしまう。これに対してこれからは、1、2、4、8、……と倍々になっていく指数関数的なものの見方を、直感的にできるようにすることが大事だという。例えば、人間の遺伝子全体を読むという「ゲノム解読プロジェクト」は、一%解読するのに七年かかった。それなら一〇〇%解読するには七〇〇年かかるというのが線形的な考え方だが、これに対して、指数関数的に解読が進めば、一年目に一%だったものは、二年目は二%、三年目は四%、四年目は八%というふうに、倍々に速度が上がっていくので、あと七年で読み切れると予想したのがカーツワイル氏であり、実際その通りになったのだった。加えて、一九九〇年に著書*The Age of Intelligent Machines*（未邦訳）で、コンピュータがチェスのチャンピオンを打ち負かす時期をほぼ正確に予測したのも彼だった。

人と人とのつながりや、自然に親しむことが人間を最も幸せにしてきたのだとしたら、ポスト・ヒューマンは果たして幸せになるのだろうか。貧しければパン一枚で、至福の時を手に入れることができるが、生活が豊かになれば、もうそれでは十分幸せにはならない。かといって、貧困から脱出したら幸せも遠のいてしまうかといえば、まったくそんなことはなく、今度は違った幸せを手に入れることが可能になる。だから、ポスト・ヒューマンになれば、現在はまだ予想できないような、まるで異なるそれなりの幸せというものが出てくるのかもしれない。あるいは「将来人間は本当に幸せになれるのだろうか」という問いかけそのものが、感情がコントロールされたポスト・ヒューマンにとっては、無意味なものになっていくのかもしれない。

人間は自分の認識能力の範囲内でしか物事を理解できないし、現状を変えるということに強い不安を抱いて抵抗するのが常だから、カーツワイル氏の壮大な予測に対しては、当然ながら大きな抵抗もあるだろう。ただ、歴史を振り返ってみれば、産業革命期のイギリスで機械の導入に反対する人たちが起こしたラッダイト運動のように、テクノロジーの進歩に抵抗するのは徒労であることがわかる。できるのは、進歩の方向をコントロールしていくことくらいなのかもしれない。

カーツワイル氏は、五〇代に心臓発作で亡くなったクラシック音楽家であった父親を、ぜひＡＩを使って将来再生させて会話を楽しみたいとの強い思いを抱いており、そのために父親の資料をすべて保管している。また本人は、遺伝的に心臓病になりやすい上に糖尿病も抱えていたため、人類がラジカルに変化して寿命も飛躍的に伸びる、「シンギュラリティ」時点まで生きていられるよう、毎日二〇〇錠以上のビタミン剤や栄養補給剤を摂取しているとのこと。

インタビューはサンフランシスコ郊外にある、シンギュラリティ大学内の図書室で行われました。シンギュラリティ大学は、宇宙と医療を中心とする起業家であるピーター・ディアマンデスとカーツワイル氏が創ったシンクタンクであり、指数関数的な発展を続けるテクノロジーについての教育や起業サポートが活動の中心。グーグル本社から車で一〇分の距離にあるこの大学は、旧(ふる)いＮＡＳＡの建物を使っていて、最先端のテクノロジー研究とのギャップが印象的でした（二〇一六年九月収録）。

1 「シンギュラリティ」の背景

人間の脳は線形思考

――人類は「シンギュラリティ」と呼ばれる新時代に移行する端境(はざかい)期にあると言っておられました。バイオロジカルな存在である人類が、GNRすなわち遺伝学(Genetics)、ナノテクノロジー(Nanotechnology)、ロボット工学(Robotics)分野における、未曽有の発展と合体することによって、想像を超える高い知能と、耐性、理解力、記憶力などを備えた、まったく新しい存在に進化していくというわけです。

シンギュラリティの定義と、その概念を支える「指数関数的な成長」というものについて、端的にお話しいただけますか。

カーツワイル シンギュラリティという概念にとって最も重要なのは、情報技術の「指数関数的成長の力(power of exponential growth)」というものです。シンギュラリティについて理解しようと思ったら、これを理解しなければならない。

一九八一年に私は「タイミング」ということを考え始めました。発明家として成功するためには、適切な時に適切な場所にいるということがとても重要だからです。そして結局タイミングというのは、ほとんどすべての事柄において、とても大事だということがわかりました。

そこで、テクノロジーのトレンドに注目したのです。未来が不透明だということは、一般通念としてよく言われますが、十分な情報を集めて、適切な方法でそれらの情報を（図形やグラフなどを使って）視覚化することによって、かなり的確な未来予測ができるのではないかと考えました。で、一つの事柄についてだけは、この方法によって驚くほど的確に未来予測ができることがわかったのです。すべてではないですよ。

すべてのテクノロジーではないですが、情報テクノロジーに関して言えば、価格と能力については、将来が非常にハッキリと予測できる。わかったのは、それが指数関数的に変化していくということです。

最初に作ったグラフは、コンピュータのコストパフォーマンスのグラフでした。一八九〇年のアメリカの調査まで遡（さかのぼ）りました。一恒常ドル（インフレの影響を除いたドルの価値）当たりの、毎秒のコンピュータ計算量を示したものです。縦軸にはログ（log）スケールでコストパフォーマンスを、横軸は年代を表します。ログスケールですから、一目盛で一〇

DRAM（半導体メモリ）の1ドルあたりのビット数（製造時、パッケージ価格）

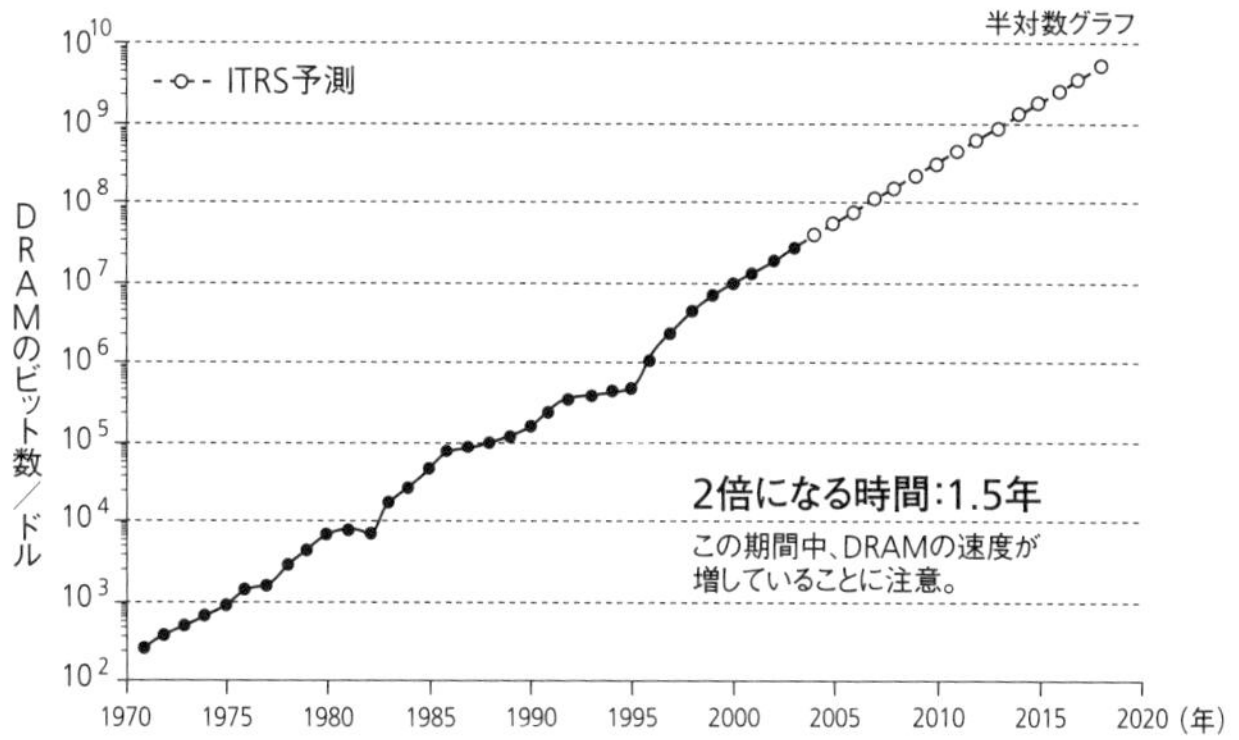

カーツワイル『ポスト・ヒューマン誕生』（NHK出版）74頁をもとに作成

倍になります。こうすると非常に予測可能なスムーズな線を示すことになりました（例として図参照）。しかも第一次世界大戦や第二次世界大戦、大恐慌、といった歴史上の一大事が、グラフに何の影響も与えていない。二〇〇八年の経済危機で、この成長がスローダウンしたかというと、まったくそんなことはないんですね。何があっても非常にスムーズな傾きを維持している。

指数関数的な成長について、二つほどハッキリしていることがあります。まずこれは直感的ではないですね。われわれの直感的な将来予測は、線形（比例直線の形）であって、指数関数的な曲線にはならないのです（次ページの図参照）。

なぜ脳があるかと言えば、それは将来を予

線形的成長 vs. 指数関数的成長

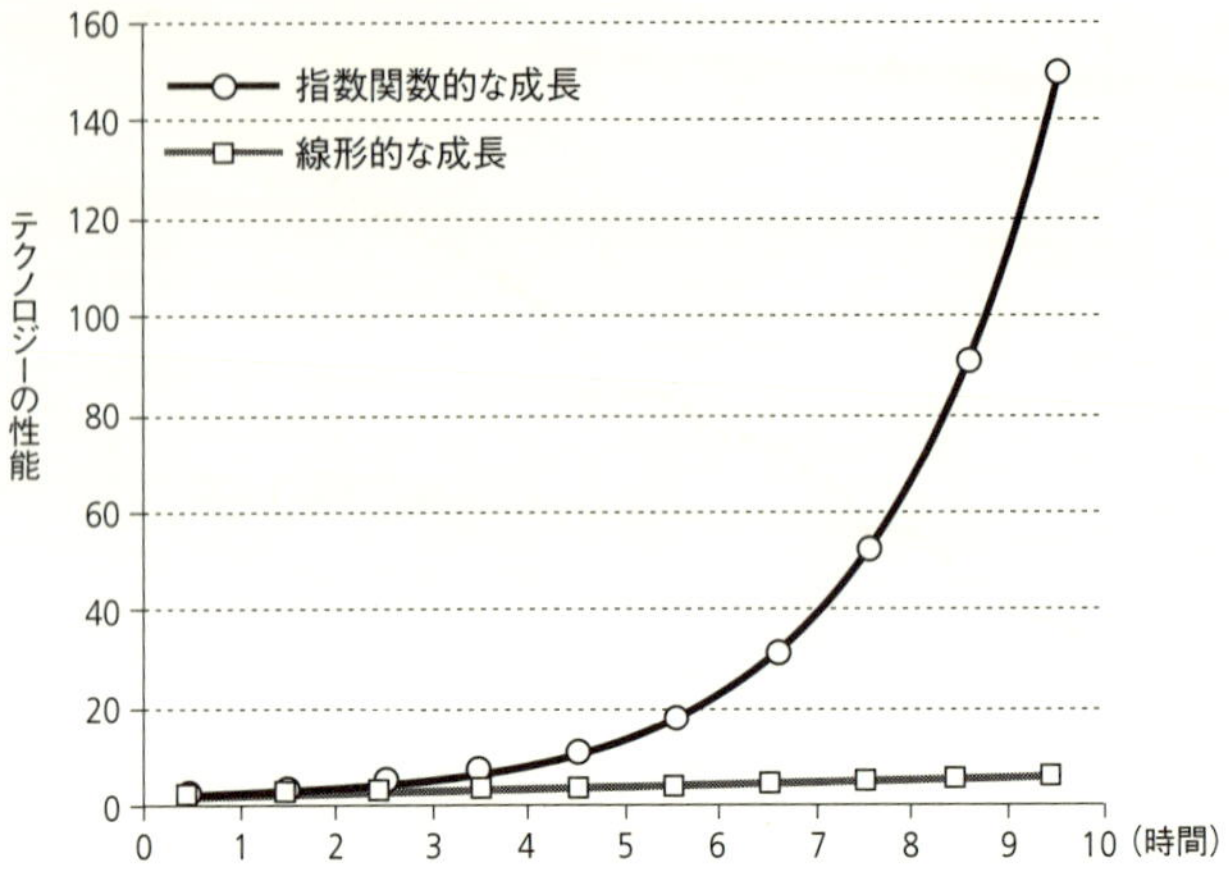

カーツワイル『シンギュラリティは近い』(NHK出版)11頁をもとに作成

測するためです。現在の自分の行動ないし非行動が、将来どのような結果を生むのかを予測するために、脳は存在する。脳ができてきた大昔は、あらゆることが線形で変化していました。あの動物はあちらのほうへ向かって移動しているので、もしこの道を進んでいったら、あの先の岩のあたりで出会ってしまうから、それを避けるためにこちらの道を行ったほうがいいとか。こういう線形思考がサバイバルに役立ってきたので、それが脳の機能として定着していった。

動物の移動スピードは一定で、移動スピードが加速し続けるということはなかったから、線形モデルがインプットされたのです。しかもそれがうまく役立ってきた。だからわれわれの将来予測も線形になっていると考えられます。

私も私の批判者も同じ世界を見ているけれども、彼らは線形の直感に沿って将来予測をして、現実は指数関数的に変化しているという事実を無視します。この点が私と彼らの違いです。

指数関数的成長の力

カーツワイル　ヒトの遺伝子の塩基配列をすべて解析する「ヒトゲノム計画」が実行に移された時、七年経過した段階では、一％の解析が終わっただけだった。その段階で、科学者や批評家たちは、「一％の解析に七年かかったのだから、すべてを解析するにはその一〇倍、七〇〇年かかる」と予測したのです。これが線形思考です。私の反応は、「一％終わったんなら、もうほとんど終わりに近づいている」というものでした。毎年二倍ずつ結果が伸びていくはずだから、一〇〇％になるためには、たった七回の倍々解析を続けていけばいい、つまりあと七年で解析は終わりだ、と。で、実際にそうなりました。

これは解析終了後も続いています。当初は解析に一〇億円以上かかっていたのが、今では一〇万円もかかりません。また、科学者たちはゲノムについて様々な情報を入手し、理解し、モデルを作り、シミュレートしたり変形させたりと、指数関数的にゲノム研究が発展しています。すべてがそのように進むわけではありませんが、情報テクノロジーのコストパフォーマンスは、指数関数的に上がっています。コンピュータは、過去一〇〇年間、このように進展してきています。

では、われわれの直感が理解する線形成長と、情報テクノロジーの現実が示す指数関数的な成長とは、どのように違うのか。直感的な成長のほうは、1、2、3、4、……と変化していくのに対して、現実の変化は、1、2、4、8、……となります。たいして違わないじゃないかと思われるかもしれませんが、30ステップを過ぎるころには、直感的な線形成長のほうは30なのに、情報テクノロジーが示す現実である指数関数的成長のほうは、10億にもなっています。40ステップでは1兆です。

これ（スマートフォン）は、ドル当たりの計算力では、私がMITの学生だったころ使っていたコンピュータの、数十億倍のパワーを持っているのです。一〇〇万分の一のコストで、数千倍の計算力があり、一〇万分の一の大きさです。もしこのままのスピードであと二五年経ったら、さらにドル当たり一〇億倍のパワーになり、一〇万分の一の大きさ、つまり赤血球の大きさになるわけです。これが実際に起こっていることの背景にある現象になります。

コンピュータ「ワトソン」の言語能力

カーツワイル　これは単に（コンピュータなどの）機器にだけ起こっている現象ではなく、情報テクノロジーのすべてで起こっていることなのです。

それでも情報テクノロジーは、これまで携帯することはできても、食べるわけにも、着るわけにも、ましてやその中で住むわけにもいかなかったのですが、それがこれからは大きく変わっていく。生活や産業のすべての面で、情報テクノロジーが関わってくるようになります。これらのテクノロジーが、生活のあらゆる面で活用されるようになるのは、確実です。これが第一段階です。

第二段階は、コンピュータが人間と同じ知能レベルに達することです。すでに特殊な分野では、コンピュータは人間の能力を凌駕（りょうが）しています。チェスは比較的簡単なゲームだから、コンピュータに負けるとは予測していたけれども、碁は、非常に深いパターン認識能力を必要とするので、コンピュータが人間のチャンピオンに勝つことは不可能じゃないか、少なくともあと一〇〇年は無理だろう、と思っていた人たちもいましたが、すでに二〇一六年に起こってしまいました。[*1]

一つずつ、コンピュータが人間よりうまくなっていっている。車の運転もそうです。六年前、ＡＩはまだ犬と猫の区別さえつかないじゃないかと批判された。現在は犬と猫の区別もできます。他にも一万種類の判別ができるし、モノによってはすでに、イメージ認識能力において、コンピュータのほうが人間に優っている場合もあります。まだ非常に特殊なタスクではありますが、それほど狭い特化したものということでもありません。タスクは徐々に広いものになりつつあります。

言語能力と知識をテストする、アメリカの人気ＴＶクイズショウ「ジェパディ！」の例を見てみましょう。約五年前ですが、ＩＢＭコンピュータの「ワトソン」が、世界一のジェパディ！回答者二人を破りました。例えば、「ふわふわしたパイのトッピングがやった、長い退屈なスピーチって何？（A long, tiresome speech delivered by a frothy pie topping?）」という問いに対して、韻を踏みながら「それは、メレンゲのハランゲ（meringue harangue：メレンゲがやった熱弁）」とワトソンが即答したんですね。これは正解で、人間のチャンピオンたちは回答できなかった。

これはニュアンスを理解していないと回答できない類の問題で、ユーモアや、語呂合わせや、なぞかけなどの能力、ジョークや比喩を理解する能力や、幅広い知識など、かなり高い言語能力が必要になります。ワトソンは、エンジニアの情報インプットに頼っていたのではなく、自分でウィキペディアや他の百科事典など、二億ページにものぼる人間の自然言語文書を読んで、知識を積み上げていったのです。

＊1　二〇一六年三月、グーグル・ディープマインド社開発の「アルファ碁」が、韓国のイ・セドルとの対局で四勝一敗と完勝した。

二〇二九年、コンピュータが人間の知能を超える

カーツワイル　コンピュータは、非常に広い意味での言語能力ということでは、まだ人間のレベルまで行っていません。しっかりした小説を書いたり、シンフォニーを作曲したりすることもできません。そもそも小説を読んで理解し、その内容を要約したり、意味ある批評を書いたりということもできない。ですからまだ、人間のほうが優れているタスクもあります。

そこで私が提唱する最初のメルクマールです。すなわち、コンピュータがすべての分野において人間がすることを超えるようになるのはいつか、ということですが、それを私は二〇二九年だと提言しました。近年のテクノロジーの進展を鑑(かんが)みるに、この提言にますま

す自信を持っています。包括的な分析データによると、人間の脳機能をシミュレートするには、毎秒10^{14}の計算能力が必要になります。それに伴ってソフトウェアのほうも、非常に複雑精巧なものになっていく。

近著『マインドをいかに生み出すか』(*How to Create a Mind*)の中にも詳しい分析を書きましたが、二〇二九年という予測は、『スピリチュアル・マシーン』を出した一九九九年ごろから予測していたことです。この年が近づくにしたがって、確信がさらに強くなってきています。ハードウェアのほうは、間違いなくこの能力に到達する。すでにスーパーコンピュータは、この計算能力を超えていますし、二〇二〇年代になれば、コストもぐっと低くなります。ソフトウェアのほうがずっと問題がある。

しかし、ここ一、二年のＡＩの進歩を見るに、われわれがこの軌道に乗って速いスピードで進んでいることは間違いないでしょう。

ＡＩによる寿命の延長

カーツワイル　次のステップは、ＡＩを手に入れたら、それで何をするかということです。今のところこういった(スマートフォンなどの)デバイス(機器)は、主にコミュニケーションの手段ですが、二〇三〇年ごろには、これらのコンピュータ・デバイスは、血球ほどの大きさになります。血球サイズのロボットが、血液中に入って、免疫システムを補助するようになるでしょう。

今でも免疫系の中にあるT細胞は、抗原であるバクテリアなどを認識して攻撃するという、インテリジェントな作業を行っています。何万年もかけて進化してきた機構ですが、すべての病気に対して威力を発揮するわけではない。ガンなどは、自己細胞だと認識してしまうので、敵として攻撃しないわけです。

基本的には、人生の終盤に出てくる病気に対して、免疫系は役に立ちません。進化は長寿を選択してこなかったから。免疫系が発達してくるころは、人間が長寿であることにほとんどメリットがなかった。そもそも自然界では、食料に限界があるし、二五歳を過ぎて子供を育ててしまえば、進化上はもうお役御免なんですね。

一〇〇〇年前は、人間の寿命はわずか一九歳でした。一八〇〇年でも三七歳です。ですから、AIの一つの重要なアプリケーションは、ガンやレトロウィルスなど、われわれの自然免疫系が役に立たないものに対して、免疫力を拡張するというものです。

AIによる思考の拡大

カーツワイル　AIの二つ目の重要なアプリケーションは、われわれの神経系つまり脳に入っていって、あたかも実際に目や耳や皮膚から情報を受け取ったかのような感覚を提供し、ヴァーチャル・リアリティー（VR：仮想現実）ないしオーグメンテッド・リアリティー（AR：拡張現実）を、脳内に構築することです。

現在でもすでに、デバイスを眼や耳や腕に装着することで、ヴァーチャル・リアリティー革命が起こっていますが、まだ神経系の中に直接入っていくようにはなっていない。でも二〇三〇年代には、それらを神経系の中で行うようになるでしょう。あたかもあなた自身がその仮想現実の中にいるかのような刺激を、脳が受けるわけです。しかも現実と寸分たがわない世界が脳内に実現することになります。

拡張現実は日常になります。何百マイルも離れたところにいる人も、すぐ隣に座っているように見せることができる。握手だって、ハグだってできるので、本当に一緒にいるような気分になるでしょう。

そして一番重大なアプリケーションは、われわれの脳の新皮質、つまり思考などの高次のタスクを担う部分を、直接インターネットのクラウド（コンピュータ・ネットワークのこと）につないで、基本的にわれわれの思考を拡大させるというものです。

このデバイス（スマートフォン）は、私が学生時代に使っていたコンピュータの、ドル当たり数十億倍ものパワーがあると言いましたが、それ自体はあまり興味深いことではないですね。しかしこれが、クラウド内のコンピュータ群につながると、何百万倍ものパワーとなる。人間の知識全体にアクセスすることが可能になります。

それだけの情報は、とてもこのデバイスの中には入り切れない。かなりのメモリー容量がありますが、ウィキペディア全部、そしてウェブ上にある他の知識の全体を、この中に入れることはできません。しかし、クラウドにつなぐことで、それらすべてにアクセスできる。つまりクラウドが、デバイスの力を何百万倍にも拡張することになります。

まだ脳からクラウドに直接アクセスできるようにはなっていませんが、いずれデバイスを使わず、直接アクセスできるようになります。毎日われわれがやっているような、検索や言語の翻訳などにももちろん役立ちますが、それにも増して、思考の規模を拡大できるという点が重要です。

新皮質の量的拡大

カーツワイル　ここからが私の「脳の新皮質」に関する論考になります。まず新皮質はどのように機能しているのでしょうか。

われわれの脳の新皮質は、基本的には三億ほどのモジュール（単位部品：module）から成り立っていて、それぞれのモジュールは約一〇〇のニューロン（神経細胞）でできています。それぞれのモジュールがパターン認識をし、これらのパターン認識モジュールは、ヒエラルキーをなしています。こうして思考というものが行われているわけです。

約二〇〇万年前に、われわれが類人猿から人類に進化する段階で、新皮質は拡張し前頭葉が大きくなりました。他の類人猿やモンキーなどを見てみるとわかるように、前頭葉つまりおでこの部分が、われわれと比べて小さいですね。ごく最近まで、前頭葉は、脳の他の新皮質とは異なる働きをしていると考えられていました。実際、言語、音楽、アート、科学など、それぞれ内容の異なる働きをしているので、まったく違う組織になっているのではないかと。しかし実際には、新皮質はどこもそれほど違わないということがわかりました。量的な違いがあるだけです。

そもそも新皮質は多層構造になっていて、新しい層が上に追加されるようにしてできてきていて、上の層になればなるほど、より知的で抽象的な高次のタスクをするようになっています。ですから、最下層での認識は、「このテーブルの端は直線になっている」といったようなものですが、最上層では、「それは面白い」とか、「皮肉なことだ」とか、「彼女は美しい」といったような認識をする。それなら、上層になればなるほど複雑な構造になっているかというと、実際には、ヒエラルキーの下層のほうがより精巧にできているのです。

約二〇〇万年前に起きた前頭葉の拡大は、ワンショットの勝負です。これによって頭蓋骨も膨張したので、出産のリスクも大きくなった。これ以上大きくなると、出産が不可能になってしまいます。それでも十分な新皮質の拡大に伴って、ヒエラルキーも拡張し、それがまず言語の誕生につながり、アートや音楽がそれに続いた。いかに原始的な文化であっても、人間の文化であれば、必ず音楽が存在します。他のどの動物にも存在しない特徴です。

われわれはまた、同じことをする時期に来ています。新皮質の最上層をクラウドにつなげる。つまりクラウドの中には、人工的な新皮質が存在することになります。これは脳の新皮質と同じ働きをしますが、ちょうど二〇〇万年前に、突然、脳の新皮質拡大が行われたのと同じように、新たな量的拡大をするわけです。

ただ、今回はワンショットの勝負ではないですね。クラウドは純粋に情報テクノロジーですから、指数関数的成長の法則に従って拡張していくので、毎年パワーが倍々で増加していく。したがって、このクラウド内の人工的な新皮質の飛躍的な拡大によって、思考力のほうも、無限に拡大していくことになります。

二〇四五年までには「シンギュラリティ」に達する

カーツワイル　二〇三〇年代には、三億の新皮質モジュールを備えたバイオロジカルな脳と、無限の拡張機能を備えたクラウド内の人工的な新皮質が、一緒になるでしょう。指数関数的成長の法則をもとに計算すれば、二〇四五年までには、われわれの知能は一〇億倍にもなるはずです。この飛躍的変化のことを、物理学の用語を借りて「シンギュラリティ」と呼んでいます。

物理学で「シンギュラリティ」と言えばブラックホールのことで、ある境界線を越えるとすべてが激的に変化してしまうから、その先に何があるのか予測できないということを指していました。それを比喩的に借りて、変化があまりにも過激であるためにこの先どうなるかまったく予測不可能になるということで、この歴史的変化を「シンギュラリティ」と呼んだわけです。

ただ、われわれは知性をもとに、ブラックホールの中に入るとこういったことが見えるとか、こういったことが起こるとか、想像して話をすることはできます。歴史的なほうの「シンギュラリティ」についても、この変化を通してどのように人生が変わっていくのか、ある程度予想することはできるわけです。

根本的には、飛躍的な知能の向上が起こるということです。それは人類の素晴らしくユニークで、美しく、深遠な部分です。われわれはもっとユーモラスになり、より素晴らしい音楽や、アートや、文学を生み出すことができるようになり、どんな新しい知識でも十分理解することができるようになるでしょう。

2 医療・エネルギー・環境問題の未来

生物をデザインできる

カーツワイル このテクノロジーが応用される分野の一つに、健康と医療があります。これまでも最高のテクノロジーが医療に使われてきましたが、医療の基本となる生物学のほうはよく理解されていなかった。だから医療は対症療法であり、当たるも八卦当たらぬも八卦というようなところがある。これが血圧を下げるとか、これはＨＩＶウィルスを殺すとか、これらの効果を持つ物質を偶然発見したり、様々な試行錯誤を繰り返しているうちに見つけたりしているけれども、その基礎にある生物学のメカニズムのほうは、わかっていなかった。

ヒトゲノム・プロジェクトがやったのは、生命のソフトウェアを明らかにしたということです。二〇〇三年に人間のソフトウェアがすべて明らかにされた。ただし、コードは明らかにされたけれども、これらがどのように働いているのかは、まだ理解できていません。ただ根本的には、（生命というのは）情報プロセスの過程だと言えるでしょう。これを機に、健康と医療は、情報テクノロジーの問題に転換されたのです。

情報テクノロジーになったというのは、コンピュータを使って医療データを保管したり検索したりすることを指しているのではなく、生物のメカニズムを根本的に理解し、モデリングし、古くなった生物としてのソフトウェアを、プログラムし直すことができるようになったことを意味します。

――それでもわれわれはまだ、細胞一つ、ミトコンドリア一つ、光合成でさえも、再現することができていませんね。

カーツワイル　ですが、われわれはすでに人工的なゲノムを使って、生命体を作るところまで来ています。問題あるゲノムを取り替えるということもできます。成人した人のゲノムの差し替えも可能になってきている。

例えば、ゲノムの欠落によって発症する肺高血圧の場合、患者さんの肺から問題の細胞群を削り取って、体外で細胞に欠落していた遺伝子を組み入れ、こうしてできた患者さん本人の遺伝子を持った何百万個もの肺細胞を培養して体内に注入すると、肺にそれらの細胞群が集まっていくという方法で、この病気を治すことも可能なのです。

また、悪い遺伝子がある場合は、それをRNA i（RNA干渉）という手法を使って削除することで、病気を治すこともできます。例えば、脂肪インスリン受容体遺伝子は、次の獲物がいつ手に入るかわからないので、できるだけカロリーを貯蔵するようにできているのですが、この遺伝子をスイッチオフした動物実験では、どんなにたくさん食べても太らなくなり、二〇％寿命が延びたことが確認されています。このメカニズムを使って、実際に薬品開発が行われています。

人間の内臓器官も培養できるようになってきました。人間では気管のようなシンプルなものはすでに作れますし、動物では腎臓（じんぞう）や肺、心臓などの複雑な臓器も作れるようになっています。類人猿へのアプリケーション試験が行われている段階で、これができれば人間への移行はすぐでしょう。合成生物学は、バイオテクノロジーのほんの一部ですが、これによって、生命のソフトウェアである遺伝情報の再構成ができるようになりました。

半永久的に寿命を延ばす

カーツワイル　本質的に人間の寿命を延ばすには、三つの橋が関連してきます。一番目の橋は、現在われわれが持っている知識の範囲で、老化や病気の進行を抑えることです。私は毎日たくさんのサプリメントを飲んでいるのですが、「これであと何百年も生きるつもりですか」とよく聞かれます。しかしそうではなくて、エクササイズとサプリと栄養補給を現在私が実行している理由は、二番目の橋へつなげていくためです。

二番目の橋はそれほど遠い将来のことではなくて、おそらくあと十二年もしないうちに、われわれは毎年一年あまり寿命を延ばしていくことになるでしょう。ここが分岐点になると思います。「長寿脱出原理（Longevity escape philosophy）」と呼んでいますが、バイオテクノロジーの加速度的な発達によって、寿命を一年延ばすために必要な研究期間が、一年よりも短くなっていきます。

そうして第三番目の橋につながりますが、ここからはバイオロジーを超えることになる。典型的な例は、医療ナノロボットです。ナノテクノロジーを使って、有機的ではないデバイスを作ります。このデバイスはナノダイアモンドでできているので、非常に耐性が高く、人体の免疫系では破壊できないようになっています。このテクノロジーを通して、究極的にはすべての病気は克服されることになるでしょう。

——すでにウィルスを使って、健全な遺伝子を送り込んだりすることは試みられていますから、それがウィルスの代わりにナノロボットになるということですか。

カーツワイル　ウィルスを媒介させる方法は、バイオテクノロジーの一部ですが、ナノテクノロジーは、その先を行くことになります。ゆくゆくは死亡率を、劇的に下げることになります。

二〇年以内に無尽蔵のエネルギーが手に入る

――エネルギー、水、食料といったところは将来、おそらくオフ・グリッド（送電網や上水道システムなどの大型供給網を使わない単体型）で供給できるようになると思いますが、貧困問題、環境問題などはどうでしょう。

カーツワイル　資源問題については、現在でさえ十分なエネルギーがあるかどうか定かではないと言われています。一九世紀のテクノロジーに固執していればそうなるかもしれませんが、例えば化石燃料など、実は十分残量があるけれども、環境に良くない。これに対して再生可能なエネルギー資源のほうはほとんど限界がありませんから、どんどん増えていっています。

数年前、エネルギー関連の最新テクノロジーについて、全米技術アカデミーが調査をしたのですが、ラリー・ペイジ（グーグルの共同創業者）と一緒に、われわれはソーラー・エネルギーを強く推しました。ナノテクノロジーをソーラー・エネルギーに導入することによって、ソーラー・エネルギーのコストは一挙に下がります。

ソーラー・テクノロジーによって供給されているエネルギーの量は、二年ごとに倍々になっている。それがここ三〇年間続いているわけです。二〇一二年には世界中の〇・五％のエネルギーが、ソーラーで賄われた。それに対して、良い試みではあるけれども、〇・五％ではまだまだメジャーな供給源となるには程遠い、と言われるわけです。しかしこれは、インターネットの普及やゲノムプロジェクトの場合と同じように、指数関数的成長の威力を軽視しています。〇・五％というのは、あとわずか八回の倍々成長で一〇〇％に達してしまうということを意味しているのです。

二〇一四年、イスラエルの首相にこの事実を伝えました。彼とは一九七〇年代にMITのスローン・スクール（ビジネス・スクール）で同窓だった。彼は、「レイ、ソーラー・エネルギーが倍々成長をあと七回続けるのに十分な太陽エネルギーを、そもそもわれわれは地球上で受けているのかね？」と聞いてきました。その時（二〇一四年）までには、もうすでにあと七回の倍々で一〇〇％に到達できるところまで来ていましたから、「そうですよ。あと七回倍々になることで、世界中のすべてのエネルギーを、太陽エネルギーで賄えるようになります」と答えました。しかもエネルギー効率が上がるから、今の一万分の一の量で済むようにさえなると。

あれからまた二年たちましたから、また倍になっていて、今は二％です。二％なんてたいしたことないと人々は思うでしょうが、一〇〇％になるまでにあと六回の倍々を繰り返すだけでいい。一方、エネルギー消費量の増加はゆっくりです。ですから二〇年もしないうちに、われわれが必要とするすべてのエネルギーを、太陽エネルギーで非常に安く賄えるようになります。

他にも上空にある風力、地下にある地熱を利用することによって、われわれが必要とするエネルギーの何千倍ものエネルギーを供給できます。太陽、風力、地熱からエネルギーを取り出すテクノロジーは、指数関数的にどんどん改良されてきているので、二〇年以内には、ほとんど無尽蔵のエネルギーを手に入れることができるようになるでしょう。

将来の食料、衣料、建築

カーツワイル　では食料のほうはどうか。こちらは「縦型農業革命」になります。食料生産のために現在、生産可能な陸地の四〇％が使われていますが、将来は、ビルの中で非常に安く、しかも環境に何ら悪影響を与えることなく食料を生産できるようになります。実際の農業は、実は環境に多大な悪影響を与えているのです。

水耕栽培のフルーツや野菜を作ったり、動物の筋肉組織をクローン化することで、動物を犠牲にすることなく肉類を供給できますから、動物保護、環境保護にもなります。動物の飽和脂肪（動物性脂肪で、摂りすぎると肥満や動脈硬化につながる）のかわりに、体に良いオメガ3脂肪（植物性脂肪で、体内合成できないので、食事などから摂取する必要がある）を持った肉類を作ることもできる。非常に高質な食料を、環境に何らの悪影響ももたらさずに生産することができるのです。しかも安価で、縦に積み上げる農業ですから場所も取らない。

衣服も3Dプリンターを使って作ることができます。3Dプリンターが主流になるには、サブミクロンの解像度が必要になりますが、こちらも一〇年で一〇〇倍になっていくというような、指数関数的なペースで解像度が上がっていますから、二〇二〇年までにはサブミクロン・レベルに到達できて、衣服を3Dプリントできるようになるでしょう。クールなデザインをダウンロードして、服を安く自由にプリントできますが、それでも才能あるデザイナーによる服の需要も十分残るでしょう。

映画や音楽、本などはすでに、物理的なものからデジタルなものへと変貌していますし、膨大な数の非常に質の高い音楽やビデオや本などが気軽に無料で提供されています。同時に、人々は有料でも自分の好きな音楽や映画や本を入手していますから、無料のオープン・ソース・マーケットと有料の特許マーケットが共存しています。

建築のほうも、レゴのような部品を3Dプリントし、部品の中にはパイプや電気網などがすでに組み込まれているので、それらを組み立てるだけでビルを非常に短時間で作ることが可能になったり、ヴァーチャルな建築モデルの中を見て回って、自分の好みに修正したら、それを3Dプリントして、三日で住宅を建造するということにもなっていくでしょう。

ですから資源が枯渇するということはないでしょう。必要とする資源はいずれも革新されます。われわれは資源が少ない時代を生きてきましたが、これからは、資源が余る時代に移行していく。人々の経済観念は、石油、鉄、食料など、限られた資源をどのように分配するかということに汲々(きゅうきゅう)とした時代に形成されています。しかしこれからは、余剰の時代です。

新しい世界観

――ということは、いずれ国家という概念も変わっていくでしょうし、政治、経済、防衛も変質していかざるを得ないということですね。

カーツワイル　もうすでに国境というものの概念が変質してきていますね。経済的にはすでに世界はつながっています。ギリシャの経済が世界経済に影響を与える。製品は航空便やインターネットを通じて配送され、音楽、ビデオ、本も世界中に配信されます。

今日の子供たちは、ますます世界文化というものの中で育つようになってきています。翻訳機能は日増しに向上していて、国境や言語を超えて文化に親しみ、世界中で共通の興味や趣味を持った人たちがつながって、コミュニティーというものを形成していく。

――そうなると、H・G・ウェルズが『新世界秩序』（*The New World Order*）の中で提唱したように、世界政府、世界警察、というようなものに収斂（しゅうれん）していくのでしょうか。

カーツワイル　意識としては確かにその方向に行くと思います。ナショナリズムはまだ残っていますが、特に若い人たちと話をすると、彼らのアイデンティティーが「世界市民」というものになりつつあることをひしひしと感じます。

3　コンピュータによる知能の獲得

脳をシミュレートする

——この辺で少し現実世界に戻っていくつか質問したいと思います。

ニューロサイエンス（脳科学）研究はまだ初期段階にあると思います。あなたがおっしゃるように、脳のリバース・エンジニアリング（72ページ参照）をすることで、人間の脳を再現しようとするならば、今よりもはるかによく脳のことを知る必要があるのではないですか。そうでないと、ゴールがわからない段階で、やみくもに脳をシミュレートしようとすることになるのではないでしょうか。

カーツワイル　脳科学が黎明期にあるという認識には、必ずしも同意しないですね。わからないこともたくさんありますが、脳が情報処理のために使っている基本的な手法というものについて、検討することができるほどには十分わかってきています。『マインドをいかに生み出すか』の中にも書きましたが、人間の行動や言語を分析することで、マインドについてかなりのことが理解できます。

私は五〇年前に脳に関する論文を書きましたが、そのころ、脳科学はまだほんの少ししか進んでいなくて、あったのは、脳の解剖情報くらいです。それまでは、脳梗塞や事故で脳の一部に支障が起こった患者さんたちを観察して、脳の異なる領域は異なる仕事をしているから、それぞれ異なった組織であるという認識だった。

しかし実際に解剖してみると、新皮質はどの部分をとってもその構造は変わらなかったのです。新皮質はどこでも新皮質。当時はそれが唯一入手できる脳科学情報でした。

私の論文は、脳は様々なモジュールの集まりでできており、各モジュールはパターン認識をし、それらがヒエラルキー状に組織されて思考というものを生み出す、という内容でした。現在脳科学分野は、爆発的にデータが出てきています。

見方の問題でもあります。森に入って、一本一本の樹を見ると、それぞれ枝ぶりや葉のつき方、樹皮のパターンなど、限りなく複雑だと思うわけですが、森は樹木で成り立っていて、樹木の成長にはあるパターンがある。確かに樹は一本一本違いますが、ある意味では同じでもある。

脳科学も同様です。脳についてわかっている情報はまだ限られているかもしれないけれども、脳がどのように機能しているかを検討するには、十分な情報があるとも言えます。

知能とは何か

——ニューロサイエンスや心理学分野の研究者たちは、まだ「知能」というものを十分に定義できていないわけです。あなたは「知能」をどのように定義されますか。

あるいは、人間の脳を分子レベルまで真似て作り上げることさえできれば、「知能」というような特質が、自然に創発されてくると考えておられるのでしょうか。

また、「感性」「官能性」「憧憬」「愛着」「爽快」「優しさ」「悲哀」といったような、非常に繊細で奥深い感情についても、創発されてくるとお考えですか。

カーツワイル　「知能」をどのように定義するかというのは、一種哲学的な問題です。私自身は「限られたリソースを使って問題を解決する能力」というように理解しています。限りあるリソースの一つは時間です。最適なチェスの指し手を考えるのに一〇〇万年かかっていたら、それは知能が高いとは言えない。「短時間で適切な判断ができて問題を解決できる能力」は、「知能」と言えるでしょう。

人間の脳は知的な行動をする能力を備えていると仮定し、脳を調べてそれがどのように働くかを突き止めていきます。知的活動に結びつく様々なヒントを探していくわけです。現在では、人間の脳が基本的にどのように働いているのかについて、ある程度のモデルができつつあります。

例えばディープ・ニューラル・ネットワーク（71ページ参照）などは、人間の脳の働き方とは少し違いますが、それでも知的な作業をすることができます。碁を打つこともできる。まず、ディープ・ニューラル・ネットワークにありとあらゆる碁のゲームを入力して学習させましたが、それではまだ優れたプレーヤーにはなれなかった。そこで、このプログラムに自己学習をさせたのです。自分で自分と戦って復習しながら腕を磨いていって、最終的には碁名人を破るところまで到達しました。

今では、イメージを認識・判断したり、自動車の運転をしたりと、これまで人間だけができるとされていた様々なことを、次々とこなしていっています。まだ初期段階ではありますが。

——マービン・ミンスキー[*2]によると、「ディープ・ブルー」や「ワトソン」が、それぞれチェスチャンピオンやジェパディ！のチャンピオンを破ることができたのは、それらが非常に領域特定的なタスクであったからで、人間にとっては難しいけれども、コンピュータにとっては比較的やさしいタスクだったからだと。
逆に、例えば枕を枕カバーに入れるといった人間にとって容易なタスクは、コンピュータにとっては苦手なことなのだと。これについてはどうお考えですか。

＊2　Marvin Minsky：一九二七年、米国ニューヨーク生まれのコンピュータ科学者、認知科学者。専門はAI。一九五九年、ジョン・マッカーシーと共にMIT人工知能研究所を創設、初期のAI研究を行い「人工知能の父」とも呼ばれる。二〇一六年、死去。コンピュータのタスクについての彼のインタビューは、本書の姉妹編『知の逆転』に収録されている。

カーツワイル　確かに、AIの開発史を見てみると、最初に到達したのが、いわゆる「複雑な大人のタスク」というものでした。例えば症状から病気を判断する医療診断など、子供ではできないことで、長年にわたってメディカルスクールで医学の勉強をし、専門知識を積み重ねていって初めて可能になるタスクです。コンピュータは、六〇－七〇年代ですでに、こういった仕事にかなり優れていました。

——領域特定的なタスクだったからですね。

カーツワイル　そうです。それに対して、例えば靴の紐を結ぶとか、犬と猫の区別をするといったシンプルな、五歳児でもできるようなタスクが、コンピュータにはできなかった。ミンスキーのコメントは、コンピュータの能力がまだそれほど高くなかったころに出たもので、今では、コンピュータが「五歳児タスク」をかなりうまくこなせるようになってきています。例えば犬と猫の区別とか。

何千もの異なるカテゴリーの物を含むイメージを識別する能力は、すでに人間よりも優れています。例えば「一九五〇年代のテレビセットの上で、シャムネコとプードルが毛糸で遊んでいるところ」といったイメージを、正確に認識することができます。

それに、ワトソンが勝ったジェパディ！のタスクは、比喩や語呂合わせ、なぞかけ、冗談などのかなり高等な言語能力や、非常に広範な知識を必要としていました。チェスについては、狭い領域の知識だと言うことができるでしょうが、ジェパディ！は、それほど狭くはないですね。それで人間のチャンピオンのベストスコアを凌駕した。ですから、コンピュータがカバーできるタスク領域は、徐々に広がってきています。

コンピュータによる車の運転も「狭く」はないですね。様々な予知できない状況に対応できる知識が要求されます。もちろんまだパーフェクトではなく、最近事故も起きましたが、それでも人間よりはるかにましです。

知性のエッセンスは情報の取捨選択

――最近の記憶研究の進展によって、人間の記憶がいかに頼りにならない脆(もろ)いものであるかが明らかにされています。そのようなわれわれの記憶が、AIの補助によって非常に膨大かつ明確なものに変質していったら、今度は創造性のほうが犠牲になってしまうことになりはしないだろうか、という危惧(きぐ)もあるわけですが。

カーツワイル　われわれが物忘れするのは、能力に限界があるからですね。（われわれが持っている）三億個の新皮質モジュールでは、記憶できる量に限界があります。子供たちが言語を早く学習できる理由の一つは、未使用の新皮質がたくさんあって、新知識や新言語を学習する際に、使い放題だからでしょう。

ティーンエイジャーになるころには、新皮質はすでに知識でいっぱいになってきているので、新しいことを学ぼうとしたら、何かを忘れなければならない。だからといって、特定の知識全体を忘れる必要はないですね。かなり重複した部分がありますから。

もちろん人間と同様、コンピュータの能力も無限ではありません。そのように見えるかもしれないけれども、データすべてを記憶するわけではない。知性の特性の一つとして、情報の取捨選択ということがあります。そうしなければ押し寄せる情報の波にのまれてしまいますから、常に選択をしていかなければなりません。

一〇年、二〇年前に起こったことを覚えているという場合、それは起こったことをビデオのように記憶しているというのではなく、残っている記憶の断片をつないで、新たにその状況を再構成しているにすぎないのです。コンピュータも基本的に同じです。それが知性のエッセンスというものです。

刻々と入ってくるすべての事柄を覚えようとしないこと。そうでないと、膨大な記憶量を誇るように見えるコンピュータでも、簡単に情報量に圧倒されてしまうのです。常に、後で必要になる重要なエッセンスだけを残して、他を破棄するということを行う必要があります。コンピュータでも同じことができますし、ＡＩも当然このように働きます。

実際、コンピュータが車を運転できるということは、何が重要なのかを判断できるということです。これはとても人間的なタスクです。運転しながら、通り過ぎていく樹のすべての枝ぶりや葉のつき方に注意を払うことは重要ではありませんが、もしボールが目の前に飛んできたら、ボールがあるということは、近くにそのボールを追いかけている子供がいるかもしれないから、特別な注意を払う必要がある、というふうに仮定できる知能を持っていなければならない。

樹に何枚の葉がついているかというようなことに注意を払わないで、その状況を分析して、重要なことだけにフォーカスする。それが知能のエッセンスでしょう。マシーンもそれができるようになってきています。

AIの課題は「少ない情報から多くを学ぶこと」

——ノーム・チョムスキーは、「本当に革新的なアイディアは、すべての科学論文を片っ端から読むような人からではなく、何を探したらいいかを知っている人から生まれてくる」と言っていました。単に膨大な情報を積み上げるだけでは、本当の創造性には結びつかないのではないか。また、効率を追求することは、必ずしも幸福に結びつかないのではないでしょうか。

カーツワイル　「適切な判断」ということが重要になります。例えば碁の場合、試合ですべての指し手を試すわけにはいきませんから、あまたある可能性の中から、たった一つの指し手を選ぶわけです。簡単ではないけれども、知能が高ければその判断を下すことができます。そういうことができるマシーンを、すでに作っています。何兆にも上る可能な指し手の中から、たった一つの最適な指し手を選ぶことになる。碁の場合でも、本を書いたり、音楽を作ったりする場合でも同じです。

すべての情報を入力することが適切な判断と直結するものではないということには、賛成します。しかし、それらの情報を持っていることは、適切な選択をする上で必要になります。

現在AIが直面する問題の一つは、彼らは人間と同じくらいの知能を持つことが可能だけれども、それは十分な情報を提供されている場合に限る、という点です。

AI分野のモットーの一つは、

「何十億という例があってはじめてライフは始まる」

というものです。何十億の例があれば、その中から最適値を選ぶことが可能になる。ですから情報を集めることは重要です。しかしそれに溺(おぼ)れてしまっては無意味になるし、情報が集められただけでは、面白くも何ともない。その中から最適値となるものを探し出すアルゴリズム(計算方法)を持っていなければならない。

言い換えれば、AIの課題の一つは「少ない情報から多くを学ぶ」ということです。人間は、経験を積むと、わずかの入力で全体を理解することができます。上司や配偶者が一回何かを言っただけでそれを学習するので、何回もそれについて言われる必要がなくなる。何十億回も言われる必要がないわけです。ＡＩにとってこれはチャレンジです。数少ない例から、どうやって学ぶのか、またどのようにしてそこから一般法則を導き出したらいいのか。

前頭葉がその作業を行っているわけです。ですから、ＡＩに前頭葉のモデルを応用していこうとしています。

ただ、今のところ、非常に多くの情報から一般知能を抽出(ちゅうしゅつ)するということがとても重要で、ディープ・ニューロ・ネットは、基本的にこの方法を採用しています。膨大な情報を提供すれば、ディープ・ニューロ・ネットがそれをすべて検索して、その中から最も適切な一手を選択する。この場合、何十億のレッスンから学ぶことが必須になります。情報が不十分だとうまく行かない。

情報の入力を多層化することで、知能を上げる

――ＮＳＡ（アメリカ国家安全保障局）は巨大な情報を収集していますが、藁(わら)の山はどんどん大きくなる一方だけれども、そのせいでますます、その中に隠れている針を探すことが難しくなってしまうという側面もあるでしょう。ですから単に情報を積み上げるだけでは、すぐに問題の核心を衝くことにはならず、もっと別の効率良い方法を探る必要があるのではないですか。

カーツワイル　最近ディープ・ニューラル・ネットワーク研究で、ブレーク・スルーがありました。まさにその藁の山から針を探すことができるようになったのです。何兆にも上る情報の中から、たった一つの適切なものを引き出すことができる。しかし、もしこの膨大な藁の山情報がなければ、それは可能ではなかった。

私は、最初のニューラルネット（ニューラル・ネットワーク）である「パーセプトロン」を開発したフランク・ローゼンブラット（AI開発初期にニューラルネットを研究したアメリカの心理学者）を、一九六二年に訪問しています。AIには二つの学派があります。シンボル派はすべてを論理的に分析するやり方で、マービン・ミンスキーはその先導者でした。もう一つはニューラルネット派で、コネクショニストと言ってもいいですが、ローゼンブラットがこちらの先導者でした。彼にはコーネル大学で会いました。

コーネル大学の研究室では、そこにあったマシーンにAという字を書いた絵を見せると、そのマシーンがその字を認識するわけです。そこで私がそのAを少し変え、線をやや太くして、違う字体にしたら、もう認識できなくなった。でも心配するなと。一つのマシーンのアウトプットを次のマシーンのニューラルネットにインプットして、二層目を加え、今度はそのアウトプットを三番目のマシーンにインプットして、三層目を加えるということをしたら、層が加わるたびに、知能が上がっていくからと言っていました。

ローゼンブラットは、九年後に、このアイディアを一度もテストすることなくして、亡くなってしまいました。しかしその後何十年か経って、この多層ニューラルネットができてきたのです。しかも確かに層が加わるごとに知能のほうも上がっていった。ただ、数学上の問題があって、三、四層以上重ねられない。それ以上重ねようとすると、情報が崩れてしまったわけです。

この問題が、最近、数学者のグループによって解決されました。これで一〇〇層でも、何百層でも重ねられるようになった。

五年前までは「ＡＩは犬と猫の区別さえできないじゃないか」という批判もあったわけですが、犬や猫のエッセンスは、第一五層目に位置していました。ですから、三、四層まででしか重ねられないうちは、犬と猫の区別ができなかった。今では五〇層から一〇〇層まで行けますから、犬と猫の区別もできるし、他にもいろいろなことが可能になってきています。

何十億、何百億という巨大な情報の山を、一〇〇層のニューラルネットに流し込んで、求めている一本の針を探し出すことができるということです。

4　人類進化と幸福の意味

人間のバックアップ・ファイルができるようになる

——イスラエルの歴史家ユヴァル・ノア・ハラリもまた、人類の未来を予測しています。彼によると、過去四〇億年、生物は自然選択によって進化してきて、生命は有機的（オーガニック）な存在にとどまっていたけれども、今後は初めて、インテリジェント・デザイン（69ページ参照）によって進化していくことになり、ホモ・サピエンスとポスト・ヒューマンとの間には、超えることのかなわぬ差が生じていって、五〇％にも上る人間が職を失い、役立たずになるだろう、と。賛同されますか。

カーツワイル　この質問にはたくさんのポイントが詰まっていますね。
進化にはいくつかあります。生物の進化もその一つですし、文化やテクノロジーの進化ということもあります。その中で、われわれの生涯に最も大きな影響があるのは、生物進化ではなく、文化やテクノロジーの進化のほうです。

どの生物学者も賛同することですが、生物としての人類には、過去一〇〇〇年間何の変化も起こっていないわけです。われわれと一〇〇〇年前の人間とは、何ら変わらない。非常に微細な変化はあったかもしれないけれども、ここ一〇〇〇年にわたる文化やテクノロジーの進化に比べれば、まったくとるに足らないものです。

一〇〇〇年前、人の平均寿命は一九歳で、人々の生活はまったく素朴なものでした。われわれは現在、文化やテクノロジーの進化によってずいぶんと異なるレベルに到達しています。この進化が大きな影響を与えてきたことがわかります。

われわれはすでにテクノロジカルな存在になってきています。スマートフォンはまだ体内には入っていませんが、すでに私自身の一部と化している。昨日これを紛失した時には、まるで自分の一部をなくしてしまったようにさえ感じました。もちろんスマートフォンのデバイスそのものはいくらでも取り換え可能ですが、クラウドとのつながりや、私個人の情報、Eメールやドキュメント、ピクチャーなど、これらすべてが私自身というものを作り上げているのです。

まだ体の一部分にはなっていないけれども、われわれはすでにして、一部有機物、一部無機物という存在に変わってきています。無機的な部分は、年々倍々になるという指数関数的な成長を続けるのに対して、有機的な部分はちっとも変化しないのですから、二〇四五年までには、われわれの存在は、そのほとんどが無機的なものになってしまうでしょう。最終的には、有機的な部分は無意味なくらいに小さくなってしまう。それは有機的部分が実際にシンプルになるからではなく、無機的部分がはるかに重要になるからです。無機的部分の知能が有機的部分について完全に内容を把握し、モデルにしてシミュレートできるようにもなります。

先ほど、寿命を延ばすための三つの戦略について話しましたが、これは第四のラジカルな寿命延長という橋にもつながります。つまり、無機的な部分は、スペアを作っておくことができるようになるということです。失っても、それらはクラウドの中に保存されているので、簡単に再現できることになります。

脳が情報機関であると言う時、それは単なる比喩や詩的な表現などではなく、実際に情報がそこに保存されていることを意味します。脳梗塞で記憶を失ったという場合、実際に保存されていた情報が失われることを指しています。その場合、バックアップがないんですね。

私が使っているデジタル機器のほうは、すべてバックアップが存在するのに、私自身というものを定義している貴重な情報、記憶、パーソナリティ、スキルなどのバックアップのほうは、まだない状態です。

われわれの思考は、有機的な部分と無機的な部分から成り立つようになりますが、無機的部分がそのほとんどを占めるようになれば、それらをバックアップしておくこともできるようになります。自己のバックアップを作るということは、とりもなおさず、われわれはもはやたった一つの肉体に閉じ込められることなく、究極的な延命が可能になるということです。

一世紀後には、「ワォ、二〇一六年には、人々は自己のバックアップ・ファイルなしに生きていたんだ。なんて恐ろしく危ない生き方をしてたんだろう」と言うようになるでしょう。

ほぼすべての人が、テクノロジーの恩恵に浴することになる

——それは、すべての人に起こるのか、それとも人口の半分は無用の長物と化してしまうのでしょうか。

カーツワイル　これまで様々なSF映画が作られてきて、そのほとんどが、人間対AIというような図式で、人間が悪いロボットと戦うというようなシナリオでした。しかし現在の予測はそれとは異なります。

スマートフォンはAIです。それがクラウドにつながっている。いくつのAIがあるでしょうか。一つや二つではない。すでに何十億という数です。今から数年のうちに、これよりずっと優れた機能を持つ六〇億ものスマートフォンが広く使われるようになります。

このスマートなテクノロジーを使わないという人がどれだけいるでしょうか。アメリカにはアーミッシュという小さなコミュニティーがあって、今でも電子機器を一切使わないという生活をしています。彼らが使うのは、馬車など一九世紀のテクノロジーまでです。しかし彼らはごく限られた小さなコミュニティーであって、一般の人たちは、おしなべてテクノロジーの恩恵に浴します。少し早く取り入れる人や、少し遅れて採用する人もいますが、多かれ少なかれ社会全体に浸透するでしょう。

これらのテクノロジーは、すべて市場でテストされます。誰か上層部がこれを使えと言って命令するわけではない。たくさんのテクノロジーが生み出されて、試験され、淘汰(とうた)され、汎用(はんよう)化されます。

例えば医療用のナノロボットの場合、究極的にはこれがすべての病気と老化を治療することになりますが、これらは基本的にワクチンと同じ働きをします。しかもワクチンと同じように、将来的には無料で提供されるようになる。限られたお金持ちだけが恩恵に浴するのではなく、スマートフォンのように何十億という人々が使うようになり、いずれワクチンの接種同様、むしろ無料ですべての子供たちに義務化されるようになるでしょう。

　人によって取り入れ方には違いがありますが、多かれ少なかれすべての人々に普及する。そしてそれは一種類ではないですね。アプリと同じように、何百万もの種類が出てくることによって、誰にも使えるようになります。

進化には目的があるか

——あなたは、「進化は指数関数的に進む」とおっしゃっています。しかし、ご存知の通り、進化の樹は一方向に成長するのではなく、何百万という方向に枝を伸ばしてきました。そしてこの生物の多様性が、この惑星の耐性を高め、平衡を保つようにしてきたわけです。

カーツワイル　テクノロジーの世界にも、著しい多様性があります。一つじゃない。いろいろなスマートフォンがありますが、アプリケーションも何百万とある。クラウドに行けば、さらに何百万ものアプリケーションが手に入ります。しかもその多様性は増え続けています。

しかし、生物の進化のほうは、だいたい一つの進化形態ですね。われわれは次第に無機的な種に変化していきます。われわれはまったく異なる種に変化していくのだと言う人たちもいます。しかし、種というコンセプトそのものはバイオロジカルなものですね。将来われわれはバイオロジーを超越（transcend）することになります。

――それで思い出しましたが、ピエール・テイヤール・ド・シャルダンはその著書『現象としての人間』（一九五五年）の中で、人類の集合的良心である「ヌースフィア（Noosphere：叡智圏（えいちけん））」という概念を提唱しました。宇宙は、「オメガ点」と呼ばれる最大の複雑さと良心に向かって進化していくと言ったのです。このヌースフィアというのは、インターネットでつながった世界のようにも見えます。ド・シャルダンは哲学者にして、古生物学者であり、イエズス会の牧師でもあったので、彼の哲学は、キリスト教の精神を反映したものになっていました。

シンギュラリティの概念には、人類は生物進化ヒエラルキーの頂点に位置し、進化には目的があるというような、ユダヤ・キリスト教的なアイディアが入っているようにも感じられるのですが。

カーツワイル　進化には目的があると考えています。つまり、超越性（transcendence）を高めて、情報の中から何か超越的なものを生み出す、昇華するということです。音は音楽に昇華しますし、そのためにはある程度の知能が必要です。動物には、そこまでできる知能はなかった。われわれ人間の前頭葉が発達するまでは。クジラも音楽を作る、と言う人もいますが、クジラの前頭葉は、人間のそれと同じくらいの大きさになっているんですね。

「超越」というのが、進化の目的の一部だと考えています。進化には様々なステージがあるわけで、われわれは情報を符号化（データ化）できる宇宙にいます。情報を符号化できることが、進化にとって必須条件となります。符号化できれば進化の過程が可能になる。符号化するというのはすなわち、操作したりコピーを作ったりしてそれを伝えていくことができるようになる、ということです。

まず分子が構造を作るのが第一ステージで、分子の構造は次第に複雑になっていき、分子は自己複製するようになり、原始的な生物ができるようになると、それがさらに複雑な生物に変化していき、脳を作り出して発達させ、情報処理ができるようになり、脳自体がさらに複雑になっていく。その脳が今度はマシーンを作るようになり、情報を記録するコンピュータのようなものを作り出すわけです。

人間中心の進化観

――しかし、人間は進化の樹の一つの枝の上に乗っていますが、他にもバクテリアや、オウムガイ、カブトガニ、昆虫、魚、鳥類、哺乳類など、進化の過程で誕生してきた生物が、共生しています。非常に多様な枝を伸ばしてきたわけです。

しかも、どの種がより成功した種なのか、なかなか決めにくいところもあります。もし大きな環境変化が起こった場合、たとえホモ・サピエンスが滅びてしまっても、他の種が生き延びていって、地球が太陽の終焉まであと五〇億年生存し続けることは、十分考えられるからです。

人間が宇宙の中心にあり、われわれには進化のコースを変えられる力があると考えるのは、一種の不遜ではないのでしょうか。

カーツワイル　われわれには地球規模でエンジニアリングを行う力が備わってきています。同時に、自分たちが作り出したテクノロジーによって自滅する可能性も、確かにあります。核兵器など人類を滅亡させる力がありますからね。でも、われわれには、他の生物種にはとてもできないようなことができます。

私自身は、人類はおそらく危機を乗り越えてサバイブしていけるだろうと、楽観的に見ています。太陽系のエンジニアリング、そして、銀河系のエンジニアリング、さらに宇宙全体を相手にするエンジニアリングができるようになっていくでしょう。それが進化のゴールであると思います（第5章〔306ページ〕に出てくる「カルダシェフ・スケール」を意識した発言）。

おっしゃる通り確かに進化は、人類に向かって起こっているわけではなく、多方向に向かって起こってきています。多方向ですが、その一つの方向が、知能を高めるという方向です。その上人類は、自分の知能を自分が作った機器に移す、という飛躍を成し遂げました。他の動物、例えばビーバーはダムを作りますが、非常に限られた能力でしかない。高知能のテクノロジーを生み出し、それがさらに次世代のテクノロジーを生み出すようなことは、まったくできません。

人類は、テクノロジーの分野で、まったく新しい進化を進めています。次世代のテクノロジーを自ら生み出すようなツール（手段・道具）の開発もその一つですし、今では高い知能を備えて、さらに高知能のツールをデザインできるようなツールさえも作り出しつつある。これらは他の種ではまったくできないことです。

「不遜」ではなく、ただ人類がこの臨界点を超えたという事実を「観察」して述べているにすぎません。進化の過程でこれは避けて通れないことです。

「シンギュラリティ」の究極の本質はここにあります。つまり、自らを改良していけるような、十分に知能の高いテクノロジーを生み出すことです。「ＡＩが急速に自己改良を繰り返す」ということは、「シンギュラリティ」の一つの定義でもあります。

それで幸せになるのか？

――そうなると、つまるところ「それで私たちは幸せになるのだろうか」という疑問が頭をもたげてくるのですが……。例えば素晴らしい寿司ディナーや、おばあさんの家庭料理などは、しみじみとした喜びをもたらします。これらの楽しみは、栄養剤をたくさん摂取することでは取って代われないのではないでしょうか。

近い将来、効率が飛躍的に上がり、情報の量が格段に増えたとして、実際われわれはそれらを十分に消化して、適切な判断を下すために生かすことができるようになるのでしょうか。また、そうなっても、繊細多様な感情の機微に敏感に反応し、「幸せ」というものを感じ取るような感性を捨てることなくやっていけるのでしょうか。

カーツワイル　おばあさんの料理を楽しみたいと思っても、おばあさんが生きていてくれなければそれはできないでしょう。それに彼女が使う料理の材料が手に入らなければできないし、適切な台所に適切な道具が揃っていなければできない。これらはテクノロジーが補助できる部分です。

人類の歴史を振り返ってみれば、「マズローのヒエラルキー」[*3]を上ってきた歴史であることがわかります。マズローによると、人間には欲求のヒエラルキーというものがあり、呼吸ができなければ、芸術や音楽の喜びも、自己実現もあり得ない。呼吸ができても、食べるものがなければ、そのことだけで頭がいっぱいでしょう。基本的な生理的欲求が満たされて初めて、生産性が出てきて、創造性や自己実現というようなことが考えられるという、欲求のヒエラルキーがあるわけです。

人類は仕事の上でも、歴史を通してマズローのヒエラルキーを上ってきました。昔は、肉体的重労働をして、毎日食べ物をテーブルにのせることができたらそれで御の字だったのが、現代では、自己実現を達成できるような、自分が誰であるのかを確認できるような仕事を求めるところまで来ています。仕事で創造性を発揮することもできるようになった。テクノロジーが、人類がマズローのヒエラルキーを上っていくのを助けてきたのです。

「幸福」というのは不思議なコンセプトです。われわれは常に、より深いものを求めている。人に「どれくらい幸せですか」と聞くことはできません。われわれの期待値というものが、常に変化しているからです。食料が足りて住むところも確保できたら、今度はもっと創造的なことがしたくなる。自己尊重や誇りや他人の尊敬などが目標となってきます。

慈愛とか、音楽の感受性表現といった高次の感情は、新皮質のヒエラルキーの最上層に位置します。音楽、文学、科学といったコンセプトは、新皮質が十分なかったころには存在しなかったものです。霊長類は新皮質が発達していますが、音楽や文学を生み出さないし、ユーモアや言語を理解しません。チンパンジーは、手話ができ、単純な文章を生み出すという論文もありますが、人間の言語のような無限のヒエラルキーを持ってはいません。

新皮質に層を重ねることで、高次の機能が備わるようになってきた。それによって慈愛のような深い感情の機微が備わるようになったのでしょう。音楽は人間の最高の表現であると思いますが、そのためには抽象化することができる新皮質の層が加わる必要があります。

＊3　アメリカの心理学者アブラハム・マズロー（Abraham Maslow）が、一九四三年に提唱した欲求のヒエラルキー。「欲求段階説」とも言われ、1．生理的欲求、2．安全の欲求、3．社会的な欲求と愛の欲求、4．承認（尊重）の欲求、5．自己実現の欲求、の順に、人間は次第に高次の欲求充足を求めるようになるという説。

5 テクノロジーの光と影

教育の目的は、実践することで問題解決能力を養うこと

――教育の将来についてはどのようにお考えですか。

カーツワイル 従来の教育モデルはすでに破綻(はたん)しています。非常に長い時間を使って、情報を子供たちの脳に詰め込むのがこれまでの教育でしたが、もうそれは完全に時代遅れです。われわれはすでに、情報を常に携帯していることができるのですから。

子供だけでなく大人にも教育しなければならないのは、入手できる情報を駆使してどのようにして問題を解決するかという、問題解決能力です。情報を入手できるからと言って、それで問題解決が簡単になるわけではありません。情報収集がそのまま新しい数学の問題を解いたり、作曲したり、詩を作ったりすることにはならないですね。

私が大学に入ったころには、ちょうどスマートフォンくらいの大きさの計算機があって、五つの能力を備えていました。加減乗除と簡単なメモリーです。そのころこういう計算機

は、賛否両論でした。これによって子供たちの加減乗除をする能力が衰えるんじゃないか、ということで。実際にその予測は正しくて、計算機導入によって、子供たちの紙の上での計算能力はぐっと落ちました。だからと言って、計算機が消えることはなかった。そして子供たちは、紙と鉛筆を使って計算を早く正確に行うために振り分けていた能力を、これらの演算機能をさらにどのような問題解決に応用できるだろうか、という方向に使うことが可能になったのです。

シンギュラリティ大学では、「実践によって学ぶ」ということをモットーにしています。以前は国家や大会社のプロジェクトでしか使えなかったような高価な道具が、今では学生でも使えるほど汎用化されていますし、数年前までは不可能だったけれども、今では子供でも、新しい医療テストを行ったりすることさえできるようになっています。

「実践することで学ぶ」というのは、教育の正しいあり方だと思います。私自身、学校の授業から何かを学んだということはなくて、すべてプロジェクトを実践することで学んできました。ゴールに向かって進む情熱があっても、達成できるかどうかはまちまちですが、ゴールに向かって歩んでいる道すがら、実にいろいろなことを学びますし、それらのレッスンは確実に身につく。子供から大人まで、このやり方で学べます。これが教育の適切なモデルだと思います。

現在では、ほんの少しキーを押すだけで、世界中の必要な情報はいつでも手に入ります し、その情報はますます充実したものになっていく。これらのツールでわれわれの思考は格段に優れたものになっていきます。究極的にはこれらのツールは、脳の中に入っていくことになるでしょう。教師は、ガイドやカウンセラーあるいはメンター（指導者／アドバイザー）として、若い人たちに、どのようにして問題を解決していったらいいのか、自らの人生経験をもとに助言するのがいいでしょう。

――基本的にもう学校は不要になるということですか。

カーツワイル　いろいろなモデルを試すのが望ましい。教育には社会性を育むという大事な側面もありますから。学校の最も重要な役割は、他の人たちと出会って、一緒に遊んだり、作業したりすることを学ぶということでしょう。

ネガティブな面をいかに制御するか

――インターネットが普及しても、サイバー上のいじめなど、ネガティブな感情の応酬が頻繁に見られます。われわれがポスト・ヒューマンになっても、このネガティブな感情部分を引きずっていくのでしょうか。

カーツワイル　テクノロジーは、いつの時代でも諸刃の剣です。すべてのテクノロジーはポジティブとネガティブ両方の結果をもたらします。

私は楽観主義ですが、ユートピアを夢見ているわけではありません。ただ、テクノロジーが人類の生活を格段に改善してきたことについては、疑問の余地がないでしょう。数千年前といわず、わずか数百年前でも、人間の生活は悲惨なものでした。文学や哲学書を紐解けば一目瞭然です。トマス・ホッブズ（一七世紀半ばに『リヴァイアサン』を著したイギリスの政治哲学者）は、人間の生涯は短く惨めで、災害が多く、疾病が蔓延し、貧困にみまわれていた、と記しています。細菌感染が起こっても抗生物質などなく、社会保障もないので、一家が破綻して離散の憂き目にあうのが常でした。人生は悲惨だった。

まだすべての病や苦難が克服されたわけではないですが、テクノロジーの発達によって、多くの障害を克服してきました。もちろん武器開発など、テクノロジーのネガティブな面が拡大することも確かですが、私自身は、テクノロジーのポジティブな面がネガティブな面を上回っていると考えています。ポジティブ面を伸ばしながら、同時にネガティブな面を縮小していくことが、これからの課題です。

バイオテクノロジーについて言えば、われわれは、ガンや他の病気を遠ざける方向に、バイオロジーをプログラムし直していこうとしています。しかし、同じテクノロジーを使って、例えば風邪のウィルスのような毒性の弱いものをプログラムし直して、毒性を高めたり、拡散機能を拡大して、スーパー武器に仕立てたりすることもできるわけです。

アシロマ会議[*4]のガイドラインで、どのようにしてバイオテクノロジーを安全に保っていくか、ということが決められています。四〇年以上前に規定されたものですが、これまでうまく機能してきました。

しかしこれからテクノロジーが格段に発達するにしたがって、ポジティブな面を伸ばしながら、ネガティブな面を制御していくことが、ますます大きな課題となってきます。将来の最大の課題と言ってもいいでしょう。われわれは、実存的な問題に直面しています。テクノロジーは、すでに何百万という人々を一瞬にして殺害してしまうような兵器を生み出していますから、われわれは、種の滅亡という問題を抱えているのです。

実際、私が小学生のころ、防災訓練ということで、核戦争の災禍（さいか）を逃れるための訓練というのをさせられたことがあります。机の下にもぐって、頭を両手で覆（おお）うというものです〈笑〉。ここ六〇－七〇年前まで、人類は自らを滅亡させるようなテクノロジーを持つことはなかったんですね。

人類の滅亡というような実存的な問題ではないですが、おっしゃったような、サイバーいじめという深刻な問題もあります。プライバシー問題も、もう一つの重要な問題です。われわれの思考はクラウドの中に保管されるので、それをプライベートにしておきたい。個人的なEメールもクラウド上にありますが、それらもプライベートにしておきたい。ハッカーによってメールが侵害されることもありますが、たいていの場合、今のところ個人情報についてはプライベートに保たれています。

将来的には、様々なレベルにおける「希望の拡大と危機の縮小」が大きな課題です。

＊4 一九七五年に米国カリフォルニア州で開かれ、遺伝子組み換えに関するガイドラインを制定した。

分散型テクノロジーで安全性向上

——サイバー戦争の問題もありますね。

カーツワイル　サイバー戦争は、プライバシーの問題と直結しています。個人情報をハックするというのも、一種のサイバー戦争です。サイバー戦争によって、われわれの生活のインフラ構造、例えば送電網などが攻撃されることもあるでしょう。たくさんの弱点がありますが、テクノロジーが分散型になっていくことで、安全性は次第に高くなっていくと思います。

インターネットは分散型のシステムですから、インターネットをダウンさせることはほぼ不可能です。その一部をダウンさせても、ネット情報はクラウドに保存されています。

一九世紀、二〇世紀に開発されたインフラ構造は、その大部分が中央集中型でした。電気もエネルギーも、例えば原子力発電所など、攻撃に弱い中央集中型です。それに対して、ソーラーパワーは分散型です。ソーラーパネルを数枚壊しても、ほぼ何の影響もない。何百万枚ものパネルがあちこちに分散してしつらえてあるからです。テクノロジーはますます分散型になっていくでしょうし、それによって安全性も上がります。

民主主義はテクノロジーが支えている

――テクノロジーは分散型になっても、政治や経済はむしろ中央集権型になっていくのではないですか。世界政府とか世界警察とか世界経済というような。

カーツワイル　そうでもないでしょう。経済で言えば、すでに何億という消費者が、個人的な判断で消費を行っている。中央権力は、昔に比べてはるかに弱いものになっています。教会や州政府など、昔は大変な権力を持っていました。

今は、何百万、何千万という消費者が、大企業の命運を握っています。アップルやグーグルといったパワフルな企業も、かなりユーザーに頼っているのです。ユーザーは、瞬時に別のオプションに乗り替えてしまうことができるし、短時間で企業を見捨てることもできる力を持っています。しかも、市場内の消費者がばらばらに自分のために判断を下しているのですから、マス・マーケットをコントロールすることは不可能です。「意思決定」ということも、ますます分散型になっていきます。民主化されると言ってもいい。

民主主義そのものが、コミュニケーション・テクノロジーの発達によって直接支えられていると言えます。コミュニケーション手段として、本の印刷が可能になり、電話が出てきて初めて、最初の近代的なデモクラシーが出現しました。一〇〇年前、世界中の民主主義国家は、片手で数えるほどしかなかった。二〇〇年前は、たった一つしか存在しなかったのです。

現在の民主主義は完全ではありませんが、民主主義国家の数も多くなっていますし、これが適切な世界統治のやり方だということで合意しています。国によって民主主義のやり方が少しずつ違っていますが、全体としては良い方向に向かっていると思います。しかも何千万、何億という人々が、意思決定に参加できるわけですから。

推薦図書

——若い人たちにどのような本を薦めますか。

カーツワイル　とてもたくさんのいい本がありますが、二冊あげるとすると、まずマービン・ミンスキーの『心の社会』（邦訳、産業図書）。これは心がどのように働くかについて書かれたものですが、長編詩を読んでいるような感じを受ける、詩的な書き方がなされています。とても示唆に富んでいる。人間の脳を、あたかも異なる派閥が社会を形成しているかのように説明しています。

私自身も何らかの決断をする場合、この本に書かれたことを思い出して、まるで脳の中の議会で、様々な派閥が議論を重ねて、妥協し合っているかのような感じを持ちます。われわれのマインドは、実際に社会のようであって、それをニューロサイエンスと結びつけて語っています。

もう一冊はガブリエル・ガルシア＝マルケスの『コレラの時代の愛』（邦訳、新潮社）です。言語はそもそもヒエラルキー構造になっていますが、彼の文章は非常にヒエラルキーの度合いが高い。一つの文章が一～二ページ続くこともあります。それでも文法的に正しく、よく理解できるし、詩的でもあります。人間が持つ最高レベルの言語ヒエラルキーで表現されています。

そもそも新皮質はヒエラルキー状になっていて、言語というものを生み出したわけです。私があるアイディアを脳内に形成すると、それはヒエラルキー状のシンボルでできています。そのヒエラルキー状になっているシンボルを、あなたの新皮質に伝えようとすると、ヒエラルキー状の伝達媒体としての言語が必要になる。ガルシア＝マルケスの著作は、言語ヒエラルキーの素晴らしい例です。

第3章　グローバリゼーションと世界経済のゆくえ

――マーティン・ウルフ

Photo by Kirsten Holst

Martin Wolf

1946年、ロンドン生まれ。英フィナンシャル・タイムズ紙の経済論説主幹。オックスフォード大学卒。金融ジャーナリズムにおける功績により数々の賞を受賞したほか、2000年には大英帝国勲章（CBE）を受章。1999年より世界経済フォーラム年次総会（ダボス会議）のフェローを務めている。世界の投資家のみならず各国の財務相や中央銀行総裁にも注目されている、当代で最も影響力のある経済ジャーナリスト。著書に*Why Globalization Works*（2004）、*Fixing Global Finance*（2008）、*The Shifts and the Shocks: What We've Learned—and Have Still to Learn—from the Financial Crisis*（2014、邦訳『シフト&ショック——次なる金融危機をいかに防ぐか』早川書房）など。

偏見を捨てるのに遅すぎることはない。

——ヘンリー・デービッド・ソロー

新聞と現代の著作しか読まない人は、分厚い眼鏡をかけた強度の近眼のように見える。自分が生きている時代の偏見や流行に完全に埋没していて、それ以外はまったく目に入らないからだ。

——アルベルト・アインシュタイン

お金の流れを制する者は世界を制するとよく言われる。その意味で、ロンドンのシティとニューヨークのウォールストリートは、いずれも世界経済の中心として活躍してきた。その一方で、政治的な統合をせずに通貨だけ統合した「ユーロ圏」は、ギリシャの財政破綻問題を皮切りに、大きなほころびが誰の目にも明らかになってきている。市場も経済もグローバル化し、政治の主論点が経済と安全保障というような時代になると、予測不可能な人間行動の集積である経済について、もう少しその実態を知りたくなるし、巷(ちまた)に流布している経済諸説の真偽も確かめたくなる。

世界中を巻き込んだ二〇〇八年の金融危機は、一九二九－三三年の大恐慌を彷彿とさせる規模だったという。悪いのは一握りの強欲な銀行家と無責任な経済学者たちだという単純なストーリーはわかりやすく、ウォール街占拠運動なども、その矛先は主としてメガバンクに向けられ、若者に圧倒的に支持されたサンダース米大統領候補が、貧富の差拡大の元凶としたのも、ウォールストリートのメガバンクだった。では果たしてこのストーリーは、経済バブルの本質を衝いているのだろうか。世の中はお金が実体経済を離れて投機対象となり、余ったお金が投資先を求めてマネーゲームが横行し、このままではいつまた金融危機が訪れるやもしれずという状態なのだろうか。

「なぜ誰も危機が来ることに気がつかなかったの？」

という、エリザベス女王の二〇〇八年の質問は有名だが、それに対する答えが、危機は地震やインフルエンザの流行と同じで、予測が極めて難しいというものなら、地震と同様に経済危機も避けられないのだろうか。

またこれまでは、市場経済とグローバル化が世界を動かし、政治が舞台裏に退いていた。ブレグジット（Brexit：英国のEU離脱）やドナルド・トランプ大統領の誕生を受けて、今後はこの流れに大きな変化が生じるのだろうか。グローバリゼーションへの逆風を受けて、経済の領域でも再び「国家」が台頭するのだろうか。

「世界中で最も信頼されている経済・金融ジャーナリスト」と多くの人が認めるマーティン・ウルフは、フィナンシャル・タイムズ紙の経済論説主幹である。それ以前には七年間世界銀行のシニア・エコノミストでもあった。スイスのダボスで開かれた世界経済フォーラム（二〇一六年）で、世界経済を俯瞰して公平に語れる人は誰か、と幾人かのエコノミストに尋ねてみると、一様に名前が挙がったのがウルフ氏だった。同時に、経済モデルは予測にはまるで役立たないし「経済は錬金術であって、サイエンスじゃない」と彼らが口にするのも聞いた。

ウルフ氏には、グローバリゼーションへの反動や米ドルの今後、日本の借金問題をはじめとして、ブレグジット問題、ＥＵの実態と将来、民主主義や資本主義、また経済学の問題点などについて、率直に聞いています。一つひとつ問題を丁寧に拾っていきながら、なぜそうなっているのか、あくまで現実に根差した深い洞察に基づいて、ハッキリと批判や問題点を指摘する本音トークを展開。彼がなぜ世界中の経済人・知識人に信頼されているのかがよくわかります。

ウルフ氏は、もともと古典哲学の徒であったからか、人生の意味や経済を常に基本哲学にまで遡って考察するところなど、味わい深い回答になっています。

「またしゃべりすぎた！」と途中で自己反省も入ったインタビューは、ロンドンのフィナンシャル・タイムズ本社で行われました（二〇一六年四月と七月に収録）。

1 グローバリゼーションのゆくえ

グローバリゼーションへの反動は戦争と不況に帰結する

――米大統領候補ドナルド・トランプは、国粋主義と排他主義を標榜（ひょうぼう）してまったく予想外の人気を獲得してきました。これは世界が反グローバル主義に向かう端緒（たんしょ）と見ることもできるでしょうか。

ウルフ　始まりではないですね。反グローバル主義というのはだいぶ前からあります。二〇〇七－〇九年の金融危機以前に、グローバリゼーションのピークは来ていたと考えています。危機後はちょっと様子見をしている感じで、グローバリゼーションへの大反動はまだ来ていませんが、前に進んでいないことも確かです。世界貿易の成長は急激に減速しましたし、ドーハ・ラウンド（WTO＝世界貿易機関が主導する多角的貿易交渉）は決裂してしまいましたし、TPP（環太平洋経済連携協定）も大筋では合意されたもののアメリカではまだ承認されていなくて、将来もどうなるか不明確ですし、TTIP［*1］（大西洋横断貿易投資パートナーシップ協定：アメリカとEU間の国際貿易協定）は暗礁に乗り上げているしということで、グローバリゼーションを推し進める力のピークは過ぎたと私は見ています。

以前は寛容であった人間の自由移動ということについても、かなり抵抗が出てきて、資本の自由移動に対しても多くの懸念があります。まだ敵意の標的にはなっていませんが、そうなる可能性は高いです。

グローバリゼーションが前進しないことが、その撤退へと結びつくのかということですが、「貿易協定の自転車操業論」を提唱した友人がいまして、貿易協定は自転車と同じで、常にペダルを前にこいでいないと倒れてしまう、と。この論がグローバリゼーションにも当てはまるかどうかは、まだわからないですが。

ただ、グローバリゼーションに対する大きな反動がある可能性もなきにしもあらずで、歴史的に見れば、グローバリゼーションへの強い反動というのは、政治的な反動と結びついて、戦争と不況に帰結します。二〇〇八年の金融危機以降に西欧で起こっているような、長期にわたる経済的な不安が、自由貿易に対する政治的な反発を生み、個人的にも経済政策の面でも、国粋主義的な人が台頭してくる可能性は高い。

ですからわれわれが、グローバリゼーションの停滞が内向きの姿勢へと結びつく転換点にいる、ということは十分に考えられます。まだそうなってはいませんが、ブレグジット側の多くの人々が、イギリスの自由貿易をさらに推し進めようとしているようには見えませんから。今後、全体としてより閉鎖的な経済につながっていくのかどうか、まだわからない状態です。（閉鎖的になる）可能性がかなりあったとしても、不可避ではないですから。

もう一つ加えておきたいのは、非常に明確で重要な点ですが、グローバリゼーションの土台にあるのは「全体として平和的な環境」です。もし大きな力を持った国々の間で、実際にあるいは高い可能性として、大きな敵意が存在するような場合は、グローバリゼーションは成り立ちません。今世紀における、地政学的かつ経済的な中国の台頭が、アジア地域のみならず他の地域でも、中国と他の覇権国、特にアメリカとの間に非常に大きな軋轢を生んでいることは明白です。もしこれらの軋轢が制御できなくて、あからさまな紛争に発展した場合は、世界経済は停止してしまいます。

＊1　インタビュー後の二〇一七年一月二三日、ドナルド・トランプ新大統領は、ＴＰＰから「永久

に離脱する」とした大統領令に署名し、貿易赤字解消のために二国間で協議することを表明した。これによって、TPPは頓挫した。

米ドルは世界の基軸通貨の地位を維持できるか

——米ドルが世界の基軸通貨としてのステータスを維持していることは、アメリカにとって有利ではないですか。どれだけ負債があっても、基本的にもっとお金を刷ればいいわけですから。もし他の国々が、例えば人民元やルーブルなど別の通貨を使って交易を始めた場合は、米ドルの価値が大幅に下がることが予想できます。しかし多くの人は、近い将来そうなることはおそらくないだろうと思っている。なぜなら、他に国際通貨として信頼できる通貨がないからです。これについてはどのようにお考えですか。米ドルは、今後も世界の基軸通貨としてのステータスを保持していけるでしょうか。

ウルフ　この点については、二つ考えるところがあります。一つは、アメリカにとって大変有利になっているという考えには、少なくとも疑問をはさむ余地があると思います。アメリカ以外の人たちは大方、国際通貨を持っていることは、その国にとって非常に有利だという見方をするでしょう。発行国には「シニョリッジ」（通貨発行益）が入りますし、人々は低利益でも米ドルを持っていようとするし、それによってアメリカはより安い金融手段が手に入る、これらはメリットでしょう。危機に際しても、連邦準備制度（FED）は、自分たちが発行する米ドルを人々が（信用して）持ち続けてくれるので、自由がききます。米ドルの価値は上下するでしょうが、本質的な問題ではないですね。アメリカはそれを十分認識していると思います。

しかしもう一つの視点として、米ドルは拘束にもなっていると考えられます。安い金融手段を提供すると同時に、国内において、国際収支が慢性的に赤字になるというマクロエコノミー問題を引き起こします。これは危機を生む素地を作ることになると見ています。ですから、いいことだらけではないでしょう。

で、第二の質問である国際通貨としての米ドルの地位が、これから一〇年、二〇年で大きく変わるかという点についてですが、米ドルの地位の根本にあるのは、人々が米ドルの負債、特にアメリカ政府の負債をお金の形で、購買力の安全な貯蔵手段として、すすんで引き受けているということです。何が起ころうと、完全なる自信をもって、最後の流動資産として持っている。今後一〇－二〇年でこれにとって代わる通貨というのはほとんど思いつきません。各国は自らすすんでアメリカの負債を準備通貨として使用することを選んでいます。[*2]

中国は一〇〇兆円以上の米ドルを持っていますが、なぜそうしたかといえば、アメリカが世界一の経済国だからです。世界一であり続けないとしても、あと二〇年は世界一位ないし二位であることは確かでしょう。しかも自由な資本市場を持っていて、それが他の大きな市場と比較しても割合うまく運営されています。そして、法律に則って(のっと)これらの市場で、このお金を自由に引き出したり、使用したり、交換したりすることができる。ですから、「負債」とはいえ、長期にわたって購買力の安全な貯蔵手段として持っている分には、かなりパワフルな条件を備えた通貨だということになります。

*2 アメリカでは巨大な経常収支(貿易による収益と投資による収益を合わせたもの)の赤字(二〇一三年では約四七兆円)が一九八〇年以降ほぼ続いている一方、中国やドイツ、中東産油国などでは、経常収支黒字が長期間続いている(グローバル・インバランス)。アメリカが借金をしながら大量消費を続けたおかげで、他国の経常収支黒字が維持されている面もある。アメリカが長期にわたる経常収支赤字でもやっていけるのは、中国や日本といったアメリカへの輸出国が、対米投資すること(アメリカ国債を買う)で支えているから。経常収支黒字国の巨額のマネーが、投資先を求めてアメリカに流れ、様々な金融商品や住宅に投資されて、バブルを生むことにもなった。

いかに嫌いでもアメリカは必要

ウルフ　他の通貨でこれらの条件を提供できるものはないですね。中国はこれらのどの条件も提供できません。法の支配（rule of law：権力を法で拘束するということ）もないし、次の週に中国の政治システムがどうなっているかさえ確かに予測できないし、ましてや一〇年先にどうなっているかまったくわからない。そうなると、巨額の人民元を持っていても、誰もそれを自由にトレードできる確信が持てなければ、ほぼ交換不能通貨ということになってしまいます。これでは世界通貨としてのスタートラインにも立てません。

ユーロはどうかというと、（通貨は共通していても）一つにまとまった政治的な構造がないので、こちらも今から五年後にまだ存在しているかどうかわからない状態です。何が起こっても、アメリカが存在し続けることは確かでしょう。ユーロは一五年後にまだ通用しているかというと、わからないですね。疑わしい。日本は小さすぎますし、巨大な負債を抱えています。ですから、安全な流動資産の提供者、国際金融システムの安全な資産提供者として、代わりになるようなアメリカの競争相手はいない状況ですね。

もしアメリカの信用が失墜するようなことがあるとしたら、それは代わりが出てきたからではなく、システム全体に対する信頼が失われることになったからでしょう。つまり、大惨事、グローバル・メルトダウンが起こったというようなことになります。いかに嫌いでも、アメリカは必要です。結構たくさんの人たちがアメリカ嫌いなようですが、私はそうじゃない。代わりがないですから。世界のシステムはアメリカによって結構うまく作られてきたのです。

そして、これが最後のポイントですが、デイトレードつまり貿易取引の決済のためにお金を持つ場合については、他の貨幣、おそらく人民元が使われる可能性が高くなるでしょう。中国が自国の輸出入の取引書（送り状や請求書など）をますます人民元建てで作成するようになるでしょうから、トレードの手段として広く使われるようになると思います。しかしそれは、流動資産として、世界の主要な資産となることとは異なります。中国で真の政治的変革が起こらない限り、人民元が巨額の米ドルにとって代わることはないでしょう。

TPPやTTIPの本質

——TPP、TTIP、TiSA[*3]についてお聞きします。これらの協定は暗礁に乗り上げているということですが、いずれも本質のところ自由貿易協定とは言えないのではないか。もともと、参加国が多くなりすぎて利害が複雑に絡み合い、実質機能しなくなっているWTOの代わりとしてデザインされて、実際にこれらの協定を秘密裏に作成した大企業に利益があるような内容になっている、という強い批判があります。世界的な大企業はこれらの中身を知っているわけですが、他の人はたとえ国会議員ですら中身を知りえないようになっている（いずれの協定もBRICS五か国は除外されている）。

そしてISDS（投資家対国家の紛争解決）条項によって、企業は、もし自分たちの利益が国家の法律によって侵害されたと思ったら、主権国家を提訴する権利がある（各国の法律よりも協定のほうが上にくる）。おまけに、一度締結されてしまうと変えるのは非常に難しい。これら協定の内容決定に、各国の市民は何の影響も与えることができないわけで、これは、主権国家に対する力の無理強いとも考えられませんか。

＊3　TiSA＝サービス貿易協定：情報、金融、医療、交通、教育などのサービス業の規制を除いて、民営化を促進させる協定。アメリカ、EU、日本など五〇か国が参加する。アメリカやEUのGDPの約七五％が影響を受け、TPPやTTIPよりも世界全体に対する影響が大きい。

ウルフ　それらの見方にある程度同調しますが、私の考えには微妙に異なるところもあります。私は法律の専門家ではありませんが、私の理解では、企業が主権国家を訴える場合は、自分たちの利益に影響が出るからというより、厳密に言うと、国家が協定を侵害したという理由ですね。もし（ある国際企業が）ある国の法廷でその国の政府を訴えても、もちろんその政府は自分たちに有利に事を運ぶので、彼らが負けることはないですよね。そのため、国家が確かに協定の取り決めを遵守（じゅんしゅ）するようにするには、国際裁判所といった何らかの紛争解決プロセスが必要になるわけです。ですから、ＩＳＤＳ条項については、それほどひどい条項だとは思ってはいません。もっと重要なのは協定の中身ですね。

細部について議論する前に、この中心にある哲学的な問題について考えてみましょう。「浅い統合」と「深い統合」のジレンマがあります。単に参加国が集まって、話し合いによって様々な規制についての多国間協定を結ぼうとしても、国々の規制基準がばらばらでは、もう何も決まらなくなってきているため、このような「浅い統合」ではなく、地域を限定して、その中では規制基準をしっかり統一しようという「深い統合」を目指すようになってきたのです。しかし「深い統合」をするには、国の壁が障害となる。

大戦後われわれは、標準的な国境措置として、関税障壁を低く抑えてきました。ただ一つの例外は、日本でよく知られている通り、農業です。他の産業では従来の関税障壁はほとんど取り払われています。

ますます重要になってきているサービス分野では、従来の意味での国境障壁は存在してきませんでした。あったらサービスが提供できなくなってしまいますから。その代わり、サービスも含めたあらゆる分野で、交易の障害となっているのは、規制です。これらの規制はそれぞれ妥当な理由で設定されているわけですが、国によってまちまちで、それが交易の大きな障害になってきた。

ではどうするか。「相互承認」（mutual recognition）と「規制の調和」（regulatory harmonization）という二つのアプローチの仕方があります。[*4]「相互承認」というのは生産国の規制基準に見合う外国産品は受け入れるということです。この場合の規制基準は、自国の法律で決めたものではないから、（他国が決めたものを受け入れることになって）民主主義と相いれないですね。他方で「規制の調和」とは、共通の基準で合意することです。

「相互承認」というのは、われわれがＴＴＩＰでやろうとしていることだと理解しています。ＥＵではさらにその先まで進んで、「規制の調和」を行って、規制を相互にすり合わせるという、ある意味、超国家的決断をするというところまで来ています。

＊４　「相互承認」をアメリカとＥＵが結ぶと、例えば現在ＥＵでは規制されている、ホルモン剤を注射した牛肉や、米国スーパーマーケットの七〇％を占めるＧＭＯ食材（遺伝子組み換え生物を使っ

た食材）なども、ＥＵが受け入れることになる。「規制の調和」は、米国基準をそのまま受け入れるのではなく、お互いに合意できる基準に持っていこうとするもの。ＥＵ内では、米国基準への反発が強く、ＴＴＩＰ協議は難航している。

国家主権とグローバル市場との折り合いをつける

ウルフ　これらの協定はすべて何らかの恩恵をもたらします。市場が統合されて、競争力が高くなり、経済規模が大きくなって、消費者にとって明らかにメリットがあるわけです。しかし同時に、国家の主権ということにも影響する。二律背反の関係にあるので妥協が必要になります。なぜ妥協が必要かといえば、物の市場はすでに世界市場になっているのに対し、政治はまだそれぞれの国のレベルにとどまっている、この現実が多くのジレンマを生んでいるからです。

実際にＷＴＯのような多国間協定レベルでは、規制内容や能力において参加国がそれぞれ大きく異なるので、いくつかの例外を除いて、このような「浅い統合」で規制合意に至るのは至難の業（わざ）となっています。これに対してＴＰＰやＴＴＩＰ、ＴｉＳＡなどは、地域に限定した複数国による有志連合協定であり、これらはすべてアメリカを拠点としたハブ

&スポーク協定[5]で、将来のモデルと見られています。これらの協議は単なる偶然で生まれたわけではなく、「深い統合」ということを目指して行われているわけです。

ここで大きな政治的決断を迫られます。あなたの国は規制の主導権を失ってもグローバル市場の一部でありたいのか、それとも、あなたの国の企業がグローバル市場にアクセスする際に少なからずコストを背負うことになるけれども、それでも規制の主導権を握っていたほうがいいのか、ということです。

実際には、優れた輸出業者である日本企業は、それぞれの国の異なる規制に合わせて製品を作っています。これまでサービス業の輸出をあまり行っていないので、それほど大きな問題にはなっていません。ですから、私はこれらの協定について一般意見を持っているわけではなくて、一つひとつ内容を丁寧に検討していくべきだと思っています。

さらにあなたの質問の一番大事な点、つまりこれらの協定の交渉過程が十分に透明であるかということですが、特定の利益を反映して偏(かたよ)ったものになってはいないかというのは、まったく正当な質問です。われわれはグローバル経済を創造し維持していくにあたって、主権国家とグローバル市場とのバランスをどうとっていくか、ということを真剣に検討する時期に来ているのだと思います。どうやってうまく妥協していくかということですね。

＊5　拠点（ハブ）に集中させて、そこから各拠点（スポーク）へ分散させるやり方。

――それで思い出しました。ダニ・ロドリック（経済学者、プリンストン高等研究所教授）が『グローバリゼーション・パラドクス』（邦訳、白水社）という著書の中で、「世界経済の政治的三すくみ（Political Trilemma）」という概念を提案していました。一つ目はグローバリゼーション、二つ目は主権国家、三つ目は民主主義で、三つとも同時に成立することは不可能だと。

中国の場合は、グローバリゼーションを実現し主権国家は成立しているけれども、民主主義が犠牲になっているし、ＥＵの場合は、グローバリゼーションを実現し民主主義は成立しているけれども主権国家の部分が犠牲になっている。で、主権国家と民主主義は絶対に犠牲にできないから、ロドリック氏はもっと程度の浅いグローバル経済の融合を提案していました。

ウルフ　まったくその通りです。でも北朝鮮を除いて、どの国も絶対的な主権国家を主張していません。民主主義の主権国家であれば――この場合先進国を対象に考えていますが――、いずれも統合と主権維持との間でどう妥協していくかが課題となっています。

――民主主義は外せないという点はどうですか。

ウルフ　民主主義というのは、われわれがどのようにして政府を選び、その政府がどう働くかということを決めたシステムであると理解しています。でも民主主義によって作られた法律が絶対的な力を持つわけではなく、こちらも常に国際的な商業活動の方面から制約を受けることになるでしょう。

グローバリゼーションの功罪

――デービッド・リカードの「比較優位」の考え方[*6]に基づけば、自由貿易はどの国にも利があるはずなのですが、実際には、グローバリゼーションは貧しい国々にとって必ずしも有益ではないことが明らかになりつつあります。

あなたは、以前はグローバリゼーションを強く支持しておられましたが、最近のご著書『シフト&ショック』の中では厳しく批判もしておられます。どのように考え方がシフトしてきたのか聞かせていただけますか。

＊6　リカード（David Ricard　一七七二－一八二三）は、自由貿易擁護の論陣を張ったイギリスの経済学者。「比較優位」とは、それぞれが自国の得意分野の生産に特化することで、全体の生産性や利益を高めるという、得意分野に基づく分業の考え方。

ウルフ　ＯＫ。継続とシフトの両方があります。私自身は交易に関して基本的な見方を変えていません。今でもグローバルな交易は、問題はありますが、全体として世界にとって有益であると思っています。たくさんの雇用や可能性を生み出してきました。

収入の格差という点では、先進国でも発展途上国でも、想像していたよりも大きな問題を生んでしまいましたが、勝ち組が負け組をサポートすることをもっと強硬に保証できるようにしていれば、この問題には対処できたと考えています。グローバリゼーションは利益をもたらしたけれども、予防措置を取らなかったために、残念ながらそれが限られた人々に集中してしまう結果となった。

しかし、世界全体を見てみれば、グローバリゼーションなしに、過去三〇－四〇年にわたるアジアの経済ミラクルはありえなかったでしょうし、その結果、中国をはじめとして、非常にたくさんの人々が貧困から脱出することになりました。

私は七〇年代に世界銀行で働いていました。貧困脱出を目的として、自由貿易を強く支持した一人です。フィナンシャル・タイムズに移る前ですが、外国資本による直接投資や自由貿易といったことが大変大きな機会を世界に提供することになったと、今でも思っています。もちろんこれによって製造業の雇用が他の国に移り、われわれはそれらの雇用機会を失ってしまったので、その問題に対処する必要はありますが、今でもあのやり方が正しかったと思っています。これについては変わっていません。ただ、われわれは、税の分配などについてもっと介入すべきでした。もっとデンマークやスウェーデンのような、福祉国家を目指すべきだった。

金融システムの中心は、私が二〇〇四年、〇五年、〇六年ごろに認識していたよりも、パニックや危機に対してずっと弱く脆いものでした。これについては考え方が変わっています。しかし、国家主権の問題はありますが、今でも国境を越えた市場というものは有益だと信じています。

ウルグアイ・ラウンドで決まった、知的財産に関するTRIPS協定[*7]には九〇年代から反対していました。また、銀行が主導する債務ファイナンス（debt finance：銀行借り入れや社債発行による資金調達）のグローバル化は、巨大な不安定をもたらします。この金融不安定に対処するためには、政府による金融資本の制御が必要です。この点では、グローバリゼーションを強く推していません。また、労働力の自由移動については、グローバリゼーションを支持したことはまったくありません。これは今でも同じです。
ですから私のシフトは根本的なものではなく、グローバル金融というのは、私が一五年前に想像していたものよりもずっと不安定で問題が多いものだ、というふうに認識を改めたということです。

＊7　TRIPS協定＝「知的所有権の貿易関連の側面に関する協定」によって、知的財産権をグローバル化することで、例えば、HIVやマラリアの薬を自国で生産できない国々が、薬価が高すぎて輸入できなくなったりすることもある。

金融はリスクを負うことが仕事だから、金融危機は避けられない

――ハイマン・ミンスキー（アメリカの経済学者）が予測していたように、資本主義体制の下では金融破綻は避けられないのでしょうか。彼は政府による介入を支持し、一九八〇年代の金融緩和政策を一貫して批判してきました。

ウルフ　現在の金融部門がそのままだった場合は、破綻を避けることはできないでしょう。

大改革の提案も出されていて、[*8] その方向で変化が起これば、金融危機を避けることはかなりできると思います。しかしそうすると今度は、経済のダイナミズムが失われて、経済そのものが大打撃を受けてしまう可能性が高い。金融部門なしに経済を動かすことは不可能でしょう。

金融部門というものは、リスクを負うことが仕事になっているのです。本質的に不確定な将来について決断をする、ということが金融の仕事なわけで、うまくいかないことも当然あります。将来について楽観的でありすぎると、愚かな判断をしたり不正があったりして、間違いを犯しやすくなる。楽観的すぎたために予想外の損失をこうむると、人々はパニックに陥り、そうなると金融危機につながります。これを回避するのは本当に難しい。危機のスケールを少し小さくしたり、回数を減らすことはできるかもしれないけれども、まったくなくすことは無理でしょう。

＊8　銀行の過度のリスク・テイクを避けるためにウォール街改革・消費者保護法（略称：ドッド・フランク法）が二〇一〇年に導入された。他にも、バーゼル銀行監督委員会が公表している、国際的に活動する銀行の自己資本比率などに関するバーゼル規制があって、バーゼルⅢも二〇一〇年に合意成立、二〇一三年から段階的に導入され、一九年に完全実施の予定。

2 日本の借金問題

国家は破産するか

——もし個人が破産した場合、家計を切り詰めて立て直すことが大事ですが、これは必ずしも国家レベルの政策として適切とは限らない。なぜですか。

ウルフ　破産というのはバランスシートの支払い不能状態を意味するので、国家に当てはめることは普通しないでしょう。破産の定義にもよりますが。

——例えばアルゼンチンやギリシャの場合などは?

ウルフ　アルゼンチンが実際に破産したかどうかというのは、興味深い問題です。破産というのは法律で決められたある状態を指すというのが私の理解です。契約上の負債を払わない、あるいは払えない状態を指す。ですから、主権国家が破産するという場合、彼らは本当の意味で支払い不能になったということではないですね。どうしてもと言うなら払えるんだけれども払わない、つまり政治的な判断です。国家が外国への負債を支払わないという状況もあり得ます。その場合その国が破産した、あるいは支払い不能になったと言うことが可能で、そうなると普通次に起こるのは交渉です。

つまり法的な折衝の代わりとして起こるのですが、アルゼンチンの場合この交渉が一五年も続いていて、最終的に示談に持ち込まれることになりました。負債を双方で分け合うことになる。ですから政府も個人的な支払い不能の場合と同じようなプロセスをたどることになりますが、違いは、個人の場合は法に縛られるということです。債権者と個人との間で直接取引が行われることはなく、法律に従ってことが運ばれます。

しかし主権国家の場合、国家を規制する法律がありませんから、交渉に頼ることになる。国家が破産したかどうかを決めるのが非常に難しいのは、つまるところほとんどの場合において、国家は支払い「不能」なのではなく、支払いに「同意しない」ということだからです。

アルゼンチンだってもちろん支払えます。国を切り売りすれば支払えますが、そうしたくない。これは政治的なプロセスなのです。

日本の借金はどうなる

ウルフ　これとは別の、はるかに重要なケースがあります。たとえば日本の場合ですが、日本は莫大な負債を抱えています。そのほぼすべてを日本国民に負っていて、日本全体が債権者となっています。負債をすべて足すと、日本国がこれらの負債に対して、支払い能力が間違いなくある、とは言えないですね。国の資産が負債をはるかに上回っていることは確かですが、政府の負債が——これは企業が負っている部分もありますけれども、そのほとんどは個々の家計が負っているわけですが——政府の支払い能力を上回っている可能性は十分あります。

この場合、政府が支払い不能を宣告すれば、日本国民が非常に動揺し、ひどく貧乏になったことに気づいて急激に買い控えするので、経済が一挙に縮小して国の威信が大きく揺らぐでしょう。まったく良いアイディアではないですし、不必要なことです。このような場合重要なのは、別のやり方、つまり政府がその債権者である国民に対して、妥当な総需要を保証する方向で働くということでしょう。

日本銀行は政府のコントロール下にあり、国民は政府を信頼しているので、これが可能になります。ですから政府がすべきことは、妥当な国内総需要を確保するための持続可能な政策を施行するということで、これは理にかなっていると思います。日本国政府は、財政のバランスをとることも必要ではあるけれども、それにもまして、経済がうまく機能していくことを、責任をもって最優先する必要があります。

企業の内部留保という多額の余剰金を生かす

——日本銀行は、国内投資を活発にするために、低金利からマイナス金利まで取り入れた量的規制緩和を積極的に推し進め、政府の負債は国内総生産（GDP）の二三〇％、一〇〇〇兆円に膨れ上がっています。これは、対GDP比率では世界最高の水準になります。それでもギリシャと違って、負債額が大きくても、日本経済と日本国債は持続可能性を維持しているように見えます。

あとどれくらいこのままの状態を続けていけるのでしょう。財政のバランスをとることよりも、このままの状態を維持し続けていくことが、日本政府の責任ということなのでしょうか。

ウルフ　非常にいい質問です。これに関して私の見方は、日本政府のものと少し違っています。第一の優先事項は、日本がひどい不況に陥らないようにすることです。九〇年代にバブル経済が終わったあと、民間部門の巨大な負債が大不況を招くおそれもあったんですね。ですから日本政府が需要を維持しなければならないことは確かです。

では、なぜ二五年もの間日本は慢性的な低需要に苦しんできたのか。バブル崩壊直後のことではなく、二五年間という非常に長い期間のことです。

その主な理由は、日本企業の行動にあったと見ています。日本企業は巨大な余剰資金貯蔵庫なんですね。過剰債務の返済が終わったあとも、慢性的に内部留保を続けています。日本企業の内部留保の割合は、ＧＤＰのおよそ八－一〇％ということですから、これは世界でも最大級の余剰金になります。

ですから日本政府の課題は、いかにしてこの巨大な余剰金を取り出すかということです。まったく使わない巨額内部留保金を持っていることには意味がありませんから、この余剰資金を活用できるようにする必要があります。その方法としては二つ考えられます。

一つ目は投資のための画期的な動機を与えるというものです。しかし、日本の企業部門はすでに多くの投資を行っている。人口とそれに伴う労働力が減っているにもかかわらず、ＧＤＰの割合でいくと、すでにかなりの投資を行っていますから、これ以上の投資をするのは難しいかもしれません。

二つ目は、企業の利益を吸い上げることです。そのための方法として、一つは税法を変えて、株主への配当を多くすること。もう一つの方法は法人税率を上げることです。日本では法人税を上げるのが適当だと思います。

いつまで国は借金を続けられるか

ウルフ　では「いつまでこれが続けられるのか」ということですが、これはまったく理にかなった質問で、答えは、国民が負債を背負う（国債などを買う）意欲が続く限り続けることが可能だということです。それがどれほど長い時間なのか、日本人の心理はよくわからないので答えるのは難しいですが、あと二〇年くらいは続くと思います。

そしてそれが三番目の方法につながる。つまり企業の内部留保という余剰を除かない限り、この負債はなくならないという事実を踏まえて、日本銀行が国債を直接引き受ける、すなわち国債を貨幣化（マネタイズ）することになるでしょう。

日本銀行は国債のほとんどを保有することになるでしょうし、現在はどんどんそれらを貨幣化しています。国債を市場に再び売り出す可能性はなく、将来にわたって持ち続けることになるでしょう。日本の銀行は、日銀に多額の準備金を預けることになります。こうやって、政府がどんどん国債を貨幣化して、市場にお金を拠出するわけです。

そうなるとひどいインフレになるだろうと言われるかもしれません。長期的には十分可能性があります。もし日本の家計が、国債を持っていても利潤をもたらさないから手放そうとすると、日本の政府は支払い不能状態になり、物価が高騰するでしょう。これが二〇一三〇年後に起こるのかどうかはまったくわかりません。

私は今から一五年前に、この問題の元となっている企業部門の内部留保を放出するよう対策を講じるべきだと提案しています。

成長し続ける必要があるのか

――しかし成熟した経済圏では、人々は生活に必要な基本物資をすでに持っているので、総需要は停滞気味になりますよね。

ウルフ　そうです。

――その場合、総需要を高くするには、極端に言って二つの方法が考えられると思います。一つは戦争をして、すべてを破壊してしまうこと、もう一つは科学技術のイノベーションによって、新たな需要を生み出すことです。

そもそも成長はどうしても必要なことなのでしょうか。ある程度の生活が維持できれば、それ以上無理して成長する必要もないのではないか。

ウルフ　今の質問の中にはたくさんの問題が凝縮してますね。日本の問題に対する私の見解は少し違いますが、あなたがおっしゃったことは理論的に可能なことだと思います。

興味深いことに、現在日本の家庭は所得のほとんどを消費に回しています。貯蓄率はだいぶ低下しました。これは何を意味しているかと言うと、労働人口が減って老年人口が増加したので、人々はすすんで所得を消費に回しているということです。欲望が飽和した状態からは程遠く、三〇年前と同じように所得の多くを消費に回している。

いろいろな目的に使っています。お金の使い道に困ることはないんですね。例えば比較的貧しいころは家で料理しますが、お金に余裕ができてきたらレストランにも行く。これは消費の増加です。食料そのものだけでなくそこにサービスが加わるようになると、食費は高騰します。人々はエンターテインメントや旅行に喜んでお金を使いますよ。本当にきりがないくらい。

ですから日本の本質的な問題は、ＧＤＰにおける可処分所得の割合が低すぎるということだと思います。先進国の中で最も低い部類ですね。これは戦後日本の経済がどのように構築されたかというところと関係してきます。日本企業は資本を多く必要とする資本集約型（capital intensive）で、コーポレート・ガバナンス（企業統治：長期的な企業価値向上に向けて総合的に経営を実行し監視する）が弱く、株主に対してあまり注意を払わない。企業は基本的に高い利益を上げますが、それをただ積み上げておく。その結果、個人の可処分所得が増えないのです。

ドイツにも同じような傾向がありますが、程度はずっと低い。ですから問題は、おっしゃったような家庭レベルの総需要が飽和して低いことではなく、マクロエコノミーの視点から見て、企業レベルの投資需要が不十分であることが問題なのです。

企業の収益を家計に移すことで需要を上げる

ウルフ　では、なぜ投資需要が低いのか。二、三の本質的な理由があると思います。これらはあなたが言われた科学とイノベーションということに深く関連しています。

一つ目は、これらの企業が比較的低成長経済の下で運営されているということですね。低成長経済の下では、新しい工場を国内に建設する理由がない。例えばあなたが日本の自動車会社だったら、次の工場を市場が停滞している日本に作ろうとは思わないでしょう。おそらくインドネシアか中国に作ろうということになる。自動車産業以外でも同じことが言えます。ですから、日本国内への投資に結びつかない。

二つ目は、資本集約型産業の場合、イノベーションがあったとしても、例えば再生可能な燃料システムに変換するといったような大型のものはほとんどなくて、ずっと資本集約型でないものにとどまっています。インターネットとそれに付随する携帯電話その他を見てみるとわかるように、大型資本をほとんど必要としません。ですから企業がそれほど投資する必要がないのです。

要するに、グローバリゼーションとテクノロジーの進展は、企業による大規模な国内投資を妨げることになっているのです。

ですから、企業が国内に投資しない現実はあるけれども、総需要は上げる必要があるという場合、解決方法は企業の利益を家計に移し可処分所得とすることです。そうすることで、ＧＤＰのうち家計が占める割合が高くなる。それによって日本はもっとバランスの取れた経済になるでしょう。米国型です。多くの場合米国型というのは好ましくないけれども、この場合は適切です。マクロバランスが取れることになります。

3 ブレグジットの影響とイギリスやＥＵの将来

ユーロ圏の失敗と東ヨーロッパからの移民がブレグジットの原因

——ブレグジットの投票結果は、多くの部外者にとっても驚きでした。英国民が「ＥＵ離脱」を選択した大きな理由は何だったのでしょう。移民流入への恐怖とブリュッセル（ベルギーの首都）にあるＥＵ機関[*9]の官僚体質へのフラストレーションということなのでしょうか。

＊9 European Commission（欧州委員会：ＥＵの行政執行機関）、Council of the European Union（欧州連合理事会：閣僚理事会）、European Council（欧州理事会：首脳会議）、European Parliament（欧州議会：直接選挙で選出される議員で構成する議会）。

ウルフ 結果はショックではありましたが、驚きではなかったです。国民投票に入る前にはすでに両者が拮抗(きっこう)していることは明らかでした。投票の一日前には、残留側の票が少し上回っているという予測でしたから、結果に少し驚きましたが、それでも世論調査の誤差の範囲内だった。ただ数か月前の世論調査では、残留が明らかに上回っていましたから、そのころに比べると驚きです。私は常々この国民投票は非常にリスキーだと思っていたので、そういう意味では、結果が驚きということはないです。

では、なぜこうなったのか。私は選挙学者（psephologist）ではないので、人々が投票する理由についてあまり詳しくフォローしていないし、実際の投票が終わってからの質問に対して、人はしばしば理由を後づけするので、本当の理由ははっきりとはわかりません。大まかに言って、いくつかの原因が相重なってこういう結果になったと考えられます。

一九七三年にイギリスがヒース首相の下でEU——当時はまだその前身のEC（European Community: 欧州共同体）でしたが——に入って以来、かなり多くのイギリス人は、共同体の下で国家の主権に介入されることに対して、拒否反応とまではいかなくとも、受け入れがたく思っていました。その後EUの介入度が増していって、EUの法律が経済のみならずそれ以外の分野でも、広範囲にわたってイギリスの決断をカバーするようになると、その感情はますます強くなっていくと同時に、EUに加入した際の動機も薄れてきました。

イギリスが当時のECに加入したころ、イギリス経済はヨーロッパ経済に後れを取っており、七〇年代には大きな危機に陥りつつありました。ヨーロッパ大陸の経済的な成功に比べて、イギリスは失敗しているという感覚があって、経済的な理由からヨーロッパに入りたいという欲求があった。しかしイギリスが比較的うまくいくようになり、ヨーロッパのほうがうまくいかなくなってくるにつれて、その感覚は薄れてきました。

ヨーロッパの状態は、単一通貨に切り替えてから（一九九九年に導入、二〇〇二年からユーロの現金通貨の流通が開始）ますます悪くなり、イギリスはユーロ圏には入らなかったので、他国とは次第に離れた感じになり、ユーロ圏は結局あまりうまくいかなかったというふうにイギリスでは見られるようになったんですね。ですから、広い意味で経済的な理由が離脱を後押ししました。イギリスは比較的うまくいっているのに対して、ヨーロッパはうまくいっていないという認識。で、成功するためにはユーロ圏はもっと連合を強めていって、連邦政府のようになっていかなければならないけれども、そうなるとEUの中でイギリスが取り残されるという恐れもあったし、もしユーロ圏が失敗したら大惨事になるので、イギリスも巻き込まれてしまう。

加えて、ヨーロッパに対して不満を持つ人の割合を四分の一から三分の一、そして二分の一へと増やしたのが、イギリス政府も予期していなかった大量な移民の流入です。これは、二〇〇〇年以降、中央ヨーロッパと東ヨーロッパがEUに参入してから始まりました。おまけにここ七、八、九年間、イギリスの生活水準が停滞していますし、政府の緊縮財政政策による締めつけもあった。

これらすべてが重なって、英国民の不満が鬱積することになったわけです。ヨーロッパに対してもイギリス政府に対しても不満がつのって、国民投票はそれら不満のはけ口となり、「離脱」のほうが少しだけ多いという結果になったわけです。

イギリスはスイスのようになっていく?

——ブレグジット後、イギリス経済にはどのような影響があるのでしょうか。またスコットランドと北アイルランドがEU残留を望んでいるので、UK(英国連合)は分裂するのでしょうか。

ウルフ　これについての正直な答えは、「わからない」というものです。英国離脱という投票結果がもたらす大事な点は、「将来予測が一挙に不透明になった」ということです。いつどのようにしてイギリスは離脱するのか、それが経済にどのような影響を与えるのか、それはヨーロッパとの取引、他の国々との取引、国内政策の内容など、他の多くの事柄にどう関連していくのか、またスコットランドと北アイルランドがどうなるのか、これらはすべて大きな不安材料です。

UKはおそらくかなりの間続いていくと見ています。北アイルランドが離脱することになるとそのコストが非常に高くなるので、予測可能な将来にわたってそれはないと思います。保守党内からの大きな圧力もあって、EU離脱の手続きは今年（二〇一六年）終わりか来年初めには始動するでしょうから、そうなると二年後の離脱はほぼ確実でしょう。

どういう条件で離脱するのかについては、協議内容が膨大なのでまだよくわかっていません。どれくらいのEU市場アクセスを維持できるのか、特に金融部門ですね。イギリスへの移民の流入を制限したいわけで、そうなると逆に金融市場へのフルアクセスは望めないと思います。ロンドンのシティ（世界の金融業務の中心）に無視できない影響が出るでしょうし、交易にも大いに影響するでしょう。

――ブレグジットはEU経済にどのような影響を与えると考えられますか。将来EUはどうなるのでしょう。他の国も離脱に向かうのでしょうか。

ウルフ　もちろんブレグジットは、EUが現在進行形で抱えている多くの複雑な問題にさらに複雑さを加えることになります。ユーロ圏問題、テロリスト問題、移民問題、それに加えて今回のイギリスのブレグジット問題です。ですからEU諸国は、ブレグジット問題についてはなるべく早く解決してしまいたいと思っているでしょう。

イギリスはEUにとって最も重要な交易相手国であり防衛パートナーでもありますし、まだ重要な国として、今後もある程度よい関係を続けていくために、おそらく友好的な契約になるのではないか。といってもあまり友好的だと他の国の離脱を促すことにもなるので、EUの国々にとってはバランスをとるのが非常に難しいですね。

ブレグジットによるEUへの経済的な影響は、おそらくそれほど大きくはないと思います。EUにとってイギリスは、非常に重要な交易国ではありますが、EU経済全体に影響を与えるほど大きくはない。ただユーロ圏自体の経済問題が解決していないことが大問題です。ブレグジットによって、南欧の国々、特にイタリアの銀行にすでに大きな圧力がかかっています。これはおそらく誰も予想していなかった。ユーロ圏はすでに脆弱になっていましたから、ブレグジットのような比較的小さなショックでも影響が大きい場合も出てくることになります。

――イギリスは将来どのように変化していくのでしょう。スカンジナビアの国々のようになっていくのでしょうか。

ウルフ　スカンジナビアの国のようにはならないでしょう。スウェーデンやデンマークやフィンランドのように、EUにとどまることはないし、ノルウェーのように欧州経済領域(EEA：European Economic Area)に加わってEUに加盟せずに、EUの単一市場に参加する道を選ぶこともないでしょう。それはイギリスにとって耐えられないポジションです。ですからイギリスはスカンジナビアの国々よりも、ヨーロッパに対してもっと距離を置くことになるでしょうね。どれくらい離れるのかというのは、これからの交渉次第です。でも、イギリスがこれからEU各国と結ぶ条約の数々は、スイ・ジェネリス(sui generis)、つまりイギリスだけに当てはまるユニークなものになるでしょう。

おそらく一番似ている国としてはスイスになるのかもしれないけれど、誰もまだ予測できません。EUもユーロ圏も、脆弱ではあるものの、おそらくこのショックに耐えられるのではないかと思います。まだわかりませんが。

世界の経済地図はどう変化していくか

――アメリカが主導する別の大きな経済グループなどに、イギリスが加入する可能性はありますか。それとも中国やロシアともっと近くなっていくのでしょうか。あるいは両方を目指すとか。

ウルフ　現在のイギリス政府はすべての国と交易を結ぶ方向で検討しているように見えます。一つの関税同盟に加入したら別の関税同盟から抜けなければならないということはありませんから、建前としては、相互に相いれない場合を除いて、いくつでも協定を結ぶことができます。

イギリスは太平洋に面していないので、TPPに参加することはあり得ませんが、実現可能かどうかは別として、アメリカ主導の協定ということであれば、ある段階でNAFTA（北米自由貿易協定）に参加する可能性はあるかもしれない。またTTIPは、EUとアメリカの間でもめていますが、これをイギリスがアメリカと直接締結する可能性もあります。カナダとEU間の協定であるCETA（カナダEU包括的経済貿易協定）に加入することもあり得るでしょう。いずれも可能性があります。

中国やインド、オーストラリア、日本などと協定を結ぶ可能性もあります。これらは二国間協定になる可能性が高いですが、果たしてどれほどイギリスにとって有益であるかは疑わしい。なぜならイギリスの産業は、これらの国々に対して比較優位（他国と比べて優れている位置）にありません。しかも残っている産業の輸出先は、ほとんどヨーロッパです。イギリスの産業にとっては、ヨーロッパ市場こそが重要なのです。

イギリスが比較優位を持っているのは、サービス業、特に金融業とそれに関連する部門ですが、これらは最も自由化するのが難しい分野で、ほとんどの自由貿易協定において、金融業を含むサービス業は、非常に限られた範囲でしか自由化されていません。ですからイギリスの輸出機会については、自由貿易協定はあまり影響を及ぼさないと言っていいでしょう。

アジアへの影響は？

――日本を含むアジアへの影響としてはどのようなことが考えられますか。

ウルフ　これについての予測は、影響が間接的なものになるので、非常に難しいですね。もしブレグジットがスムーズにいって、ＥＵが分裂せずに機能していた場合、イギリスとヨーロッパとの関係は良好になります。市場へのアクセスもいいですし、自由貿易圏での物流もいいでしょう。その場合、日本への影響は少ない。日本の企業は投資を多角化する目的で、イギリス以外に、ヨーロッパにも追加投資するようになるでしょう。イギリスの市場はオープンで良く事情がわかっているということもあって、現在はイギリスへの投資が主流ですが、それがヨーロッパのほうへも少しシフトすると考えられます。しかし影響は少ない。

もしブレグジットの結果がまったくうまくいかなかった場合、つまりこれを引き金としてユーロ圏が分裂するとか、ヨーロッパ各国とイギリスとの関係やユーロ圏内にある国々の関係が非常に悪化して、ヨーロッパが安定した力を発揮できるような地域でなくなり、ヨーロッパ全体の機構が脆くも崩れるようになって、予測しがたい事態に発展した場合——もちろんこういうことが起こると予測しているわけではなく、最悪の事態を仮定しているわけですが——、加えてプーチン率いるロシアがさらに事態を悪化させるようなことがあれば、世界への影響は計り知れません。

ヨーロッパの経済全体は、ほぼ北アメリカと同じくらい大きく、アジアや日本の主要な輸出入先であり、非常に重要な産業を擁（よう）していますから、この地域が混乱すれば、ルールと市場に則った世界経済に大きな打撃となることは明らかです。これらは極端な例で、そうなるとは予想していませんが、可能性がないわけではありません。

4 ヨーロッパ問題、統合と分裂

EUを支える政治的な連携は消滅している

――ユーロ圏では、政治的な統合なしに通貨の統合（単一通貨ユーロの導入）を行ったことが、民主主義をむしばむ結果になっているように見えます。お金が（権力集中を避けるための）民主的なチェック&バランスの規制を受けないからです。権力は欧州トロイカ[*10]の執行部に集中しているのに、彼らは選挙で選ばれていないため、その決定に責任をとる必要もない。

ごく限られた一部の事情通の部内者がすべての利益を享受し、巨大な救済コストを他の人たちに押しつけている、というフラストレーションを、多くの人たちが感じているようです。これはどのような事態に発展していくのでしょうか。

＊10 欧州委員会（EC）、欧州中央銀行（ECB）、国際通貨基金（IMF）

ウルフ 今言われたことのほとんどに同意します。基本的に正しいです。昨今のEUの状況は、統一国家を作らずに通貨を統合すると、景気が悪くなった時に操作することが非常に難しいということを証明しました。二〇〇八年の金融危機以降八年余りの長きにわたって、とても困難な状態が続いています。この先どうなるか。このシステムが分裂して大きな危機になることは十分考えられる。そしてその引き金になるのはおそらく政治でしょう。つまり一、二の主要国が、脱EUを旗頭とするような、あるいはEUのルールを無視するような政府を選出するということです。

例えばある国の政府が、すべての財政規則を完全に無視して破綻した場合、他の国の政府やECBは、あなたが規則を破ったんだから、あなたの国の救済はしませんよ、と。で、その破綻した国は、それならわれわれは離脱すると言う。そうなったら大きな危機になります。低いけれども、可能性は確かにあるということです。

もう一つの可能性として、もしこの国が規則違反をして困難に陥り、ECBが救済に応じた場合、今度はドイツが抜けるでしょうね。この可能性も低いけれども、ないことはない。EUを支える政治的な連携は基本的に消滅しています。表面上は取り繕っていても、諸国の政治的な関係は非常にまずくなっていて、お互い相手を信用していないというのが現実です。

分裂するコストは非常に高く、それは経済的にもそうですが、社会的にも混沌状態が続くことになります。膨大な数の案件についても契約し直さないといけなくなるし、将来の展望が不透明になってしまう。ＥＵプロジェクトの中枢（ちゅうすう）を取り壊すということですから、経済的なコストも多大ですが、政治的なコストはそれにもまして大きい。ＥＵプロジェクトそのものが疑問視されて解体され、大陸は秩序を失った不安定状態の六〇年前に逆戻りしてしまうでしょう。

　ヨーロッパは秩序を構築するにあたって、それぞれ国の中身はまったく異なるのに相互に密接に依存し合っているという、特別な問題を抱えています。ですから、ＥＵプロジェクトを放棄するということは、ユーロ圏が崩壊することを意味しますから、大惨事になるでしょう。もう少し楽観的な視点としては、そうなってから四苦八苦して、最終的には、あなたが言われたような問題を回避できるような、もっと法的にしっかりした政治システムや、救済措置を必要としないような強い財政システムを構築できるかもしれません。困難を極めるけれども可能性はあります。

――ギリシャの離脱（グレグジット：Grexit）は可能性があるということですか。

ウルフ　グレグジットはもちろん可能性があります。でもそれは中心問題ではない。問題噴出の引き金にはなりましたが、ユーロにとってギリシャは死活問題ではありません。
ユーロにとって大事なのは、ドイツとイタリアとフランスの関係です。これら三国もそれをよくわかっている。大きな国が将来を決定します。現在は一緒にやっていこうとしていますが、イタリアでもフランスでも右翼の政党が台頭してきていますし、ドイツでも「ドイツのための選択肢」[*11]が出てきて、ユーロ離脱、ＥＵ離脱の意見が強くなってきている。これが本当の問題なのです。

＊11　ＡｆＤ（Alternative für Deutschland）：二〇一三年にユーロ救済策に反発して生まれた政党。

通貨統合は大きな間違いだった

――参加国の歴史を考慮に入れた場合、ＥＵというのは手の届かない理想なのか、それともまだ「ヨーロッパ合衆国」の形成を目指して努力を続けていくべきなのでしょうか。

ウルフ　難しい問題です。ヨーロッパの理想というものの定義にもよりますが、私自身は少しニュアンスのある見方をしています。ヨーロッパが平和で繁栄することを望むならば、経済的そしてある程度は政治的にもヨーロッパが統合するということは、とても望ましいし避けて通れないことでもある。だから、われわれはEUの思想基盤というものを支持してきました。

同時に、ヨーロッパ人というのは、それぞれの国によって文化的にも歴史的にも言語の上からも、はっきりとした違いがあるので、アメリカやオーストラリアやカナダ、あるいはインドのような姿をしたヨーロッパ連合を作ることは、不可能だということも承知しています。ヨーロッパのそれぞれの主権国家は、自国の民主主義で決まったことに対して責任を負う必要がある、ということも関連してくるわけですが、国同士お互いの力をかなり警戒しています。

ヨーロッパの間違いはEUを作ったことではなく、結果があまり満足いくものではなくなるところまでプッシュしすぎたことでしょう。これは単一通貨を導入した国々に共通して言えることです。

これまでも言ってきたことですが、通貨統合は大きな間違いだった。通貨統合にはある種の政治的な統合が不可欠ですが、どの国もまったくそれに賛同して行動する気配がないですから。例えば安全保障など、他の分野ではもっと統合が必要だと思います。移民政策の統一というのはおそらく無理でしょうが、人の移動についてある程度の保護措置があるべきだと思います。

イギリスの視点かもしれませんが、大局的にはEUは正しかったけれども、国家間の繁栄と協力を求める段階で、もっと現実的な、プラグマティックなやり方が取られるべきでした。残念ながら、いくつかの問題、特にお金と移民という問題が、ヨーロッパの結束を脆くし、繁栄を妨げ、ヨーロッパ全体を弱くすることになったと思います。避けられなかったとは思いませんが、過剰な自信と行きすぎた楽観主義と無理強いがもたらした結果だと言えるでしょう。

小国が成功する条件は、世界市場へのアクセスと安全保障の確保

——ユーゴスラビアは、元大統領のヨシップ・チトー（一八九二—一九八〇）やスロボダン・ミロシェビッチ（一九四一—二〇〇六）がいなくなった後、小国に分裂しました。小国のほうが、人間の感覚にとってより自然で、そこに暮らす人々もより幸せになれるのでしょうか。

ウルフ　それはとても興味深い問題です。第二次大戦後の七〇年間を見てみると、帝国がすべて崩壊したことで、国の数はかなり増えました。世界的に見ても主権国家の分裂がパ

ターンとなっているでしょう。人々はある程度自分たちに似ている人たち、自分たちを代表してくれる人たちによって統治されることを望むので、世界のほとんどの地域において、小国ができてくることになります。民族をもとにした政治的視点をもって国を作ると、それぞれの国はとても小さくなる。

日本のように、大きな国でほぼ単一民族というケースもあります。中国はもっと複雑ですが、似たようなケースです。しかし他の地域では、ヨーロッパにしろアフリカにしろ、文化的・言語的な理由などで区切られた国々の多くは、とても小さい。国家が分裂する場合は、小国に分裂することが多いですが、そうでない場合もあります。例えばスペインとイギリスは分裂の可能性がありますが、フランスやドイツが分裂することはないでしょう。

では、小国は大国に比べて有利な点があるか、ということですが、民族的にわりあい同質の国は、政府の正当性を受け入れやすいですね。これは国の大きさというよりも、国内の人々がどれだけ多様性をうまく処理できるかにかかっています。

大きければいいというものでもないことは明白です。文化的に同じような水準にあるヨーロッパの国を比べてみれば、大きな国が小さな国より豊かだということはないどころか、小さな国が交易や国際分業などによって見事に繁栄することは、十分可能であることがわかります。必ずしも大きなユニットの一部である必要はない。最も豊かな国は例えばデンマーク、スウェーデン、ノルウェー、スイス——スイスはおそらくカタールを除いた世界一豊かな国でしょうが——、これらはすべて小国です。ですから小さいことで不利にはならない。

ただ、小国が成功するにはいくつか条件が必要です。まず一つ目は、世界市場へのアクセスがあること、世界のオープン・システムの一部になっていることです。ですからもしグローバリゼーションが崩壊した場合、小国は国外市場に頼らざるを得ないため、被害がより大きくなります。

二つ目は安全保障の確保です。小国は小さすぎて、自国の独立を守るための安全保障を、自ら十分に確保することができない。そういう面では、地政学的に、そして軍事面で、明らかに大国のほうが有利です。第二次世界大戦後西欧では、安全保障の土台は、民主主義の大国であるアメリカが提供してきました。シンガポールなど、東アジアでも同じです。もし妥当な大国の庇護(ひご)がなかった場合は、飲み込まれてしまう危険性があります。ですから、比較的妥当な強大国の庇護があれば、小国であっても成功することは十分可能です。

これらの条件さえ揃っていれば、小国であっても不利になることはないでしょう。

5　民主主義の将来

世界中すべての繁栄した国は民主主義だ

――古代アテネの歴史家ツキジデスは、「民主主義は帝国を統治できない。なぜなら民主主義は移り気だから」と言っています。彼によると、民主主義は政策の一貫性を欠くからだと。選挙民の注意持続力が短すぎるし、複雑な外交事項に対する理解が限られているし、政党政治や政治家の金とセックスのスキャンダルに振り回されるからだと。彼に賛成されますか。民主主義の将来をどのように見ておられますか。

ウルフ　ツキジデスはよく知られた保守主義者でした。紀元前五世紀の古代アテネでなされた議論は、今日われわれが行っている議論に非常に似ています。私は基本的に賛成しません。第一に、独裁主義政権下の外交政策のほうがはるかに「移り気」です。独裁者の気分一つですべてが変わってしまう可能性がある。すべて彼の気分次第、たった一人の人間の気分に左右されてしまうのです。これがどれほど不安定なものか、シンプルな例を見てみましょう。

毛沢東が支配していた中国では、ほぼ完全なる閉鎖経済（autarky：自給自足型経済）政策を取り、最高権力者による経済の完全統制を行っていました。毛沢東が亡くなって鄧小平が権力を引き継ぐと、大胆な改革と開放を行いました。国際関係、経済システム、あらゆる面での完全な大変革です。同じ中国共産党の下で、政策システムが激変したわけです。いつもそうするとは限りませんが、独裁者は生きている限り政策をいつでも変更できる。毛沢東時代でさえ、外交路線が、親ソ連から親アメリカに変わっています。亡くなってから変わることも往々にしてある。

ですから独裁体制と民主主義との大きな違いは、独裁体制は、権力に対する抑制と均衡（チェック&バランス）のメカニズムがないので、可変性がとても高いということです。

刮目（かつもく）すべきは、世界中すべての繁栄した国々は民主主義だということです。驚くべきことです。ですから民主主義が独裁主義よりもはるかに優れているということは疑いの余地がない。古代アテネがペロポネソス戦争でスパルタの同盟に負けたのは事実で、これは確かに悲劇でした。私はスパルタが嫌いですから。しかし、古代アテネの民主主義は復活して、その後マケドニアに飲み込まれてしまうまで、およそ七〇年の繁栄が続きました。

確かに巨大な帝国を民主主義が運営していくのは大変で、人々が見つけた解決法は、連邦政府制（federation）です。そうやってアメリカやインドのような巨大な民主主義国家を運営しているわけです。明らかに複雑で困難な構造で、直接民主主義だった古代アテネとはかけ離れた、間接的なシステムです。

「よい人生」にとって何が最も必要なのか

ウルフ　ツキジデスが指摘したように、民主主義は脆弱で、特に経済が弱っている時には、扇動的な文言に左右されがちになり、デマゴーグの台頭を許してしまう傾向にあります。今日、人々はツキジデスの時代よりはるかに高い教育を受けていますが、それでも（デマゴーグを排除するには）十分ではない。メディアにも大きな責任があります。われわれの憲法制度には、古代アテネにはなかった厳格なチェック&バランスの機能があります。今後一〇、二〇、三〇年の間に民主主義が時代の流れにうまく適応していけるかどうか見守っていきたい。

正直に言って、私の政治的な視点は、「よい人生にとって何が最も必要なのか」ということを深く考えるところから来ています。よい人生というのは、「自分の道を自分で選べること、自分の政府に対してものが自由に言えること、臣民ではなく市民であること」の上に成り立つものであると考えます。市民であることは私にとって、まさに人生を肯定するためにとても重要な要素で、「個人の自由」という概念と密接に結びついています。この状態がぜひ続いていってほしい。

今から五〇、六〇年たって、アメリカの政治システムが崩壊して、中国の共産党という独裁主義システムが生き延びるかというと、正直言って、そうはならないというほうに賭けますね。そうならないでほしい。

6　経済発展には「国家」が必要

「小さいことは美しい」のか

――一九七〇年代、イギリスの経済学者エルンスト・シューマッハーが「分散型経済」と「適正スケール・テクノロジー」を提唱して、ローカル生産・ローカル消費を推奨したわけですが、現在の世界経済問題に対する解決の糸口を、この「小さいことは美しい」という戦略の中に見出すことはできるでしょうか。

ウルフ　私自身はこの考えに乗ったことはないですね。問題の一つは言葉の定義についてです。「ローカル」とは何か。「ナショナル」というのは国家の政治構造で定義されているので明らかです。「グローバル」というのも、われわれ人間を地球全体でつなぐものということでハッキリしている。ですからグローバル経済とかナショナル経済と言った場合、何を意味しているのか理解できます。しかし、「ローカル」と言った場合、それはどこで始まってどこで終わるのか。

私はロンドンに住んでいますが、ロンドンは巨大都市ではないけれどもかなり大きな市です。東京は巨大都市ですね。では東京は「ローカル」と言えるのか。ロンドンの一自治区がローカルなのか、住んでいる街がローカルなのか。「ローカル」がいいと言う時、境界を決めなければ「ローカル」という言葉が意味を持ちません。自治区の間でトレードができなくなるのか、どうやってその境界を決めるのか。「ローカル」を守るために、すべての街境に税関を設けるのか、それぞれ独自の通貨を使用するのか。

真剣に「ローカル経済」を作ろうと考えた瞬間に、そのアイディアがいろいろな面で曖昧であり、人々の生活や売買する欲求へ深く介入しない限り、実用化することがほぼ不可能であることがわかります。「ローカル」というのは言葉の上での概念であって、客観的な現実ではないですね。とてもあたたかくてフレンドリーな感じがするだけです。

カール・ポパーが『開かれた社会とその敵』（邦訳、未來社）の中で示していた考え方ですが、人間にとって自然なコミュニティー（共同体）というものがあって、それは自分に近い親しい人たち、自分と似たような、一緒にいたいと思う人たち、単に経済的な利害を超えた関係を作れる人たちによって成り立っています。おそらく一万年くらい前に、一五〇人ほどの小さな一族集団の形でこれらの自然共同体が生まれ、人々はおおよそこのコミュニティーの中だけで暮らしていた。だから、こういう親しくてあたたかい、フレンドリーなローカルな状態に戻るという考えが魅力的に映るわけですが、これは、人類が一万年かけて作り上げてきた、特に過去二〇〇〇年かけて構築してきたものと、まったく調和しないし相いれないものです。

日本も世界経済の輪の中に入ることで成長してきた

ウルフ　われわれは「世界経済システム」というものを作り出してきました。そのほうが明らかに効率がいいからです。同じ資源をはるかに効率よく使うことができる。現在世界では膨大な数の活動が行われています。世界の経済スケールはとてつもない大きさです。

今日使用されているテクノロジーを考えてみると、エレクトロニック機器、半導体、ジェット航空機、自動車、金融サービス、これらはすべて巨大な経済の産物です。われわれが消費する量のごく一部ですら、世界企業、世界生産、世界貿易の登場なしには成り立たなかったのです。これらは世界の人々に多くの機会と貿易による収入をもたらし、日本も世界経済の輪の中に入ることによって、成長が可能になりました。中国も同様です。

「ローカル」に戻るということは、何世紀も前の経済に戻ることを意味します。過去に対するロマンティックな郷愁を覚えるのかもしれませんが、そのころの平均寿命は三〇歳でしたし、ほとんどの人々にとって人生は、まったくひどいものだったというのが現実です。われわれにはおそらく耐えられないでしょう。ですからこれは一種の傲慢（ごうまん）なエリート主義であると思っています。結果のコストをけっして背負わずに済む立場にいる人たちが、世界経済の分散化というようなことを言う。

ただ、積極的に「ローカル」のものを買いたいという場合ももちろんある。子供のころは、遠方にある大工場が大量生産して、国内に一挙に配送するまったくひどいパンしかありませんでしたが、最近はどこでも近所のパン屋で、そこが作った出来立ての美味しいパンを買うことができます。われわれが豊かになったので、こういうローカルで作られた出来立てのパンを買うことができるわけです。昔の大量生産パンより少し高いけれどもはるかに美味しい。市場がこういう需要に対応するのです。他にもいろいろ似たような例があります。しかしいたずらに「ローカリズム」を強要するのは、退嬰（たいえい）的なロマンティシズムに過ぎないと思います。

すべての経済モデルは欠陥商品

――最近のご著書『シフト＆ショック』の中で最も印象的だった部分の一つですが、ほぼこのように書かれています。

「金融危機が世界にもたらした変化の中で、最も大きなものは知的な部分だ。危機によって、「世界の最も洗練された経済と財政システムは非常にうまく機能している」というこれまで定着していた視点が、まったくナンセンスだったことが明白になった。……（第一四代連邦準備制度理事会議長）ベン・バーナンキのスピーチに象徴されるような「金融政策の進歩が〝大いなる安定〟に貢献した」といったような危機以前の世界通念が、いかに自己満足と夜郎自大に満ちたものであったかが暴かれてしまった」

と。これは、ジョン・メイナード・ケインズが言ったことを思い出させます。「もし経済学者というものが、歯医者と同じレベルくらいの地道で有能な人間だと見てもらえたら、それは大成功だ」というものです。

経済学という学問について、どのように見ておられますか。

ウルフ　ケインズは非常に楽観的でしたね。彼自身はもちろんこのレベルに達したと自認していたことでしょう。経済システム全体を把握する、つまり狭い特定の経済政策ではなく、「マクロ経済」と呼ばれる、「経済全体がどのように相互に関連しているか」についてのわれわれの理解は、一般的にかなり進んできています。

過去一〇年の経験の底には二つの事柄が横たわっています。一つはマクロ経済のシステムは驚くほど複雑だということ。それは天候のシステムが複雑で、ある程度以上は予測不能であることと似ています。明日、明後日の天気はある程度予測することができても一か月先となると、非常に難しい。

経済とは複雑な人間のシステムです。人間の決断は多かれ少なかれ常に未来志向ですが、未来志向の複雑な人間のシステムはすべて、人間の未来に対する認識の変化によって左右されます。そもそも未来そのものが、必然的に不透明なのです。

ただ、天候の場合、分子や原子の動きには意志という要素が入らないけれども、経済の場合は、そこに人間の認識というもう一つの大きな不確定要素が加わる。したがってシステムは信じられないほど複雑で、人間は大群衆となるとどのように行動するか、特に前例のないようなことに直面した場合どう行動するか、ということを理解するにあたって、われわれは謙虚な姿勢でのぞまなければならない。ですから第一は、経済は非常に複雑なシステムであるということです。

第二は、この複雑な系を理解するには、現実全体を見ることは不可能なので、単純化したモデルを構築する必要がありますが、ありとあらゆるモデルは、基本的に現実から抽象されたものにすぎないということです。しかも将来を理解しようとするために、過去のデータを使わざるを得ないけれども、過去の行動が将来過激なくらい変化することも往々にしてあります。その場合モデルはまったく無意味になる。ですから、すべてのモデルは欠陥商品なのです。

経済学は物理学の正反対の位置にいると言ってもいいでしょう。経済学は基本的に、歴史にわずかな論理を加味したものです。物理学のようなやり方を導入しようとして、まったくうまくいかなかった。非常に複雑な人間のシステムを対象にしているので、それを理解することは困難を極めます。われわれがこの複雑な全体像を理解することはまず不可能でしょう。それでも、危機から学んだこと、つまりわれわれの理解がいかに浅かったか、そしてこれからもどれほどわずかしか理解できないかということを肝に銘じて、謙虚な態度でのぞむべきです。

分散型経済システムは可能なのか

——インターネットをはじめとする近年の技術革新は、分散型のシステムを生み出して、個人の力を大きくし、社会をより透明にする方向に向かっているように見えます。パナマ文書の暴露やビットコインの流通なども、この流れから出てきているでしょう。加えて将来私たちは、オフ・グリッドで（送電網を利用しない単体で使用可能な）エネルギーや水を手に入れることができるようになるでしょうし、情報システムも今以上に分散型になると考えられます。
一方で、政治や金融部門は逆の方向に向かっているように見えますが、こちらのほうも、ジョージ・オーウェルが描いて見せたような全体主義の方向ではなく、分散型になっていくべきなのでは。

ウルフ　政治システムというのは、その国の選挙で選出された政府があって司法権が存在するものだと理解しています。完全に分散型のシステムというのは、究極的には政府が存在しない状態、つまりアナーキーに移行するということを指しているのでしょうか。もしそうだとしたら、私はまったく賛成できません。アナーキーは破局を意味します。人間は政府なしではやっていけない。それは人間の本質に関わる重要な理由があってのことで、政府の権力をどれくらいに抑えておくか、力が肥大化しすぎているんじゃないか、というような議論はなされてしかるべきですが、家庭レベルに至るまで完全に分散型のシステムにするというのは、無謀な話だと思います。これは政治についてです。

経済面ではこれはとても興味深い話になります。金融部門はかなりのところまで分散型にすることができるからです。一九世紀以降、分散型のシステムから脱却する方向でやってきたのは、歴史的に見て分散型が不安定だからです。完全な分散型の金融システムは、うまくいっている時にはリスクを恐れず奔放な競争をする。誰もがそれでうまくやっているので、全体としてうまく機能しているように見えるからです。ところが完全な分散型の金融システムの場合、ブーム（好況）とその破綻が繰り返し起こることになる。ですからそれを避けるために完全な分散型にはなっていないのです。

これはフィンテック[*12]とは別の話になります。また、分散型の支払いシステムというものはもちろん可能です。ブロックチェーン[*13]など十分可能です。

完全に分散型の金融システムというのはこれとはまったく異なっていて、バランスシート同士を連動させることを意味します。しかしそうすると、パニック（恐慌）が起こるような状況になると、一部のバランスシートは非常に脆くなって内部破裂を起こし、それが経済的な破綻につながっていってしまう。これは避けたい。

ですから、現在のような状況下で、分散型の金融部門が十分にその業務をこなしうると考えるのはナイーブだと思います。完全に分散型の金融部門という極端なケースを想像することはできる。イスラム法に従って、負債を受けつけない、負債の契約はありえない、負債そのものが法律違反だと決めてしまえば、それは明らかに安定しています。しかしそれでは残念ながらダイナミズムが大きく後退してしまう。

負債契約というのはわれわれの金融システムの一部なのですね。で、負債が脆さを生む。金融パニックの背後にあるのはこれです。

＊12 Financial Technology：ＩＴを利用した、小規模でも可能な、新しいスタイルの幅広い金融サービス。

＊13 ビットコインの中核をなす技術で、過去の取引記録の上につなげていく形式の分散型のデータベース。

スポット市場社会はすべて貧しい

ウルフ　分散型の金融システムは分散型インターネットとはだいぶ異なります。例えば、バザール市場経済（自然発生的な市場を通した最も基本的な経済活動）と発達した近代的な資本主義的な経済とを比べてみましょう。これは、インターネットもしくはフィンテック市場と、完全に分散型の金融システムの違いに似ています。

インターネットは、バザール市場で起こるような一連のスポット取引を意味します。インターネットで好きなものを見つけて、それをアマゾンなどで注文すると、一、二日たってからそれが配達される。まさにバザール型取引です。歴史上、世界中のすべての社会がバザール市場を使ってきました。そこに行って、野菜や果物、カーペットなど、必要なものを買う、これはスポット市場です。そして、そういう社会はすべて貧しい。

このバザール市場経済と、ここ二〇〇年の間に発達してきた近代資本主義経済の違いは何か。

それは、われわれが行う経済取引の大部分が、何十年にもまたがっているものだということです。非常に長いスパンで投資をする、長期にわたる決断をしてそれに融資するというものです。われわれは、将来の大きな不安定要素を見越してこれらの決断をするわけです。これらに投資するということは、金融上のリスクを負うことになる。リスクを負う人たちにお金を託すと、彼らが間違いを犯すこともあるでしょうし、連鎖反応で全員が間違いを犯すこともある。そうなると大きな危機に陥ります。要するに、経済の内容が大きく変わってきているということです。

うまく発展したのは国家が強かったところだ

ウルフ　インターネットの分散型システムは、バザール市場と同じようにすべての取引がスポット型なので、何か間違いを犯しても大きな問題にはならないですね。これに対して長期の取引をし始めた途端に、不正行為やパニックなど、様々な問題が生じてきます。それで規制が加えられるようになる。脆いけれども必要なシステムなので、その保護のために預金保険や自己資本比率規制などが存在する。

もう一つ例を挙げると、街頭で薬品を自由に売ることは禁じられています。よく効く新しい薬ができたよと言って、街に出て行って売ろうとしたら、すぐに逮捕されてしまう。十分にテストされて許可されたものでない限り、勝手に売ることはできません。疑似薬品の製造販売については、非常に厳重な法律があります。そうでなかったら、何をつかまされるかわかったものではないからです。

金融も同じです。規制がなかったら何をつかまされるかわからない。完全な分散型の場合、偏った情報が大きな問題になります。そうならないために規制があるのであって、それは国家がすべきことです。違反した場合に犯罪として処罰できるのは国家しかないですから。

そして重要なことは、過去二〇〇年の間にうまく発展した国々は、国家が弱かったところではなく、国家が強かったところだということです。これは偶然ではありません。国家がある程度強くて、遠い将来にまたがった市場を作り出すために必要な規制を、責任をもって施行することができた国だけです。

最も明らかな例は、一九世紀初めのイギリスです。鉄道をはじめとする産業の発展があったころですが、非常に長い年月にわたって利益を享受できる鉄道というものを敷くにあたって、そのための法律ができ、人々はそれを信頼することができた。それはイギリスが国家として強く、その法律を遵守してくれるという信頼感があったからです。

ですから、われわれの経済に対して無政府主義的なイルージョンを抱く人たちがいますが、そういう人たちはたいてい強い国に住んでいて、その恩恵に浴しているということを自覚していない。コンゴ民主共和国のように政府が機能していないところに行ってみれば、経済そのものが成り立たないことがわかると思います。

7 人生の意味

人間は本質的にとても社会的な動物だ

――人生の意味とはどのようなものだと思われますか。『シフト&ショック』の中で、お父様エドモンド・ウルフは、啓蒙主義の価値観を信奉していたとお書きになっていましたが。

ウルフ 三つの答えをしましょう。一つ目、知的な哲学的視点、普遍的な知という観点からすると、われわれが知りうるあるいは納得できる人生の意味はないということですね。
二つ目は、われわれ人間は誰しも根本的に十分よく似ていて、共通する何らかの人生の意味を持っています。われわれは本質のところでとても社会的な動物です。本当に驚くほど社会的。ユニークなのは、体が非常に大きな哺乳(ほにゅう)類でありながら群生するというところですね。群生する動物の中で、体が大きいのはわれわれだけです。自覚していないけれども、群生するからこれだけの生産をすることができる。したがって、多くの人が認識している人生の意味というのは、他の人たちとの関係ではないかと思います。

まず子供や両親や配偶者など、自分が愛し心にかける者たちとの関係。そして、われわれは群生する動物であるために、「想像による共同体」というものを作り出すことができる。ユヴァル・ノア・ハラリの『サピエンス全史』（邦訳、河出書房新社）がこのことを論じていますが、この能力のおかげで、われわれはどこに属するのか、そして誰を心にかけて世話するのか、といった思考を、ほとんど無限に広げることができるのです。ですから大まかに言って、他の人たちとの関係と他の人たちに何をしてあげられるかという感覚が、誰にとっても人生の意味の一部になっていると思います。サイコパスでない限り、他の人たちとの関係性とそれに付随する思いこそが大事なのです。

直感に頼らず、証拠を基に考えることが大事

ウルフ　そして三つ目は、自分の両親はいったい誰でどこから来たのかということが、特別な意味を持ってくるのではないか。

私自身は完全に啓蒙主義ヨーロッパの産物です。啓蒙主義はヨーロッパが生み出した中

でも比較的良いほうの思想だと考えています。われわれは多かれ少なかれ歴史のプロセスを通して偶然に、われわれ群生動物の心が作った究極の産物とでも言うべき、これらの途方もなく複雑な社会を作ってきました。これらの社会が最もうまく、あるいはせめてまともに機能していくためには、われわれにとって最も不自然な基本的行為、つまり「よく考える」ことや、「しっかりした証拠をもってわれわれの行動を検証していく」といったことが前提になります。

純粋な直感や、感情や、伝統や、無思考や、無配慮や、先入観などに頼ってはいけない。これらに頼っていては、まともな社会は運営できないでしょう。強い社会性が人間の基本的なドライブ（突き動かす力）となっていて、これが伝統や感情や部族・民族意識に発展して、紛争、破壊、戦争といった、明らかに無意味な行動を引き起こすことにもなるのでしょう。

もはや戦争をすることができないのは明白です。もし始めたら、世界は終わってしまう。啓蒙思想はすでに一八世紀ヨーロッパに限定されたものではなく、世界で共有されたものになっていると思いますが、もしわれわれが啓蒙思想の中心となる価値観を手放したら、自分を見失って、地球を破壊し、未来を破壊し、破滅の道を進むことになるでしょう。

われわれは地球上で利害を共有しており、もはや自分たちと彼らというふうに何でも差別することはできないし、自分たちの行為を常に意識していかなければならないところまで来ています。そうしなければ人類の文明は滅びてしまうでしょう。

理性的であっても、理想主義的であってはならない

ウルフ　ハッキリ言いますが、啓蒙思想を信頼するということは、理想主義者（ユートピアン）になることではありません。理想主義というのは、啓蒙主義のプロジェクトに宗教的なスタイルの思考を適用したものだと考えています。特に共産主義がそうですね。一方で右翼的なファシストには、部族意識が近代的な装いをまとって現れていました。組織された社会にアプローチするための賢明な手段として、われわれは理性的であるべきですが、理想主義的であってはならない。これら二つはまったく別です。合理的な思考というのは、人々の本質を理解することに基づいています。

ほとんどの人は、世界全体よりも、自分の身近な人やモノにより強い親近感を覚えてしまうのは事実で、これは如何（いかん）ともしがたい。人はモノを所有したがるし、人と親しくしていたい。

したがって、社会が共産主義プロジェクトの一部となってしまって、家族が壊れてしま

うのはまったく理不尽です。父は常にこれ（共産主義プロジェクト）をまったく理不尽なことだと、最も深い不幸と悲惨さにつながると言っていたのですが、文化大革命の恐怖という一つの例を見てもわかるように、まったくその通りになりました。ですから、人間の本質に寄り添っていかなければならない。だからといって、人間が勝手放題にしていれば大惨事になってしまいますから、それも避けないといけないのですが。

経済学者になる前は、ラテン語やギリシャ語を学ぶ古典学の学生でした。古代ギリシャに有名なキャッチフレーズがあります。ギリシャ語でミーデン・アガン（meden agan：デルポイのアポロ神殿に刻まれていた言葉）、「過剰にならぬよう」という意味です。

——ああ、「中庸」(moderation)ですね。

ウルフ　そうです！　中庸（golden mean）、バランス、仏教と同じです。

バランス、平衡を得るために、理性が感情にとって代わらなければならないと言っているわけではない。そんなことは無理です。両者の均衡を保ちましょうということです。

推薦図書

――若い人たちにどのような本を薦めますか。

ウルフ　これは非常に難しい質問です。私の個人的な経験から言えば、二〇―二五歳くらいまではできるだけたくさん小説を読むのがいいと思います。私の経験では、それ以上の年齢になると、登場人物に付き合う忍耐力がなくなってきますし、素晴らしい作家は人間の本質というものを、他のいかなる学問的研究よりも鋭く描いて見せることができるからです。素晴らしい文学作品からは、人間の様々な姿や驚くほど広い行動の可能性を感じ取ることができる。もうあまり小説を読みませんが、昔はたくさん読みました。シェークスピアは深く尊敬しています。ですから素晴らしい作品を選んでたくさん読むことを勧めます。

私の生き方を変えてきたのは哲学です。今では古くなってしまいましたが、私が一五歳ごろに一番心酔して影響を受けたのは、バートランド・ラッセルの『西洋哲学史』（邦訳、みすず書房）です。人間が歴史を通じてどのように考えてきたか、全体を俯瞰する視点を提供してくれます。

ここ二〇－三〇年の間に読んだ本の中で、非常に大きなスケールの視点を提供してくれたのが、ジャレド・ダイアモンドの『銃・病原菌・鉄』（邦訳、草思社）です。素晴らしい本でした。その後の『文明崩壊』（邦訳、草思社）もとても興味深かった。先ほど触れたユヴァル・ノア・ハラリの『サピエンス全史』もいい本です。政治に興味があれば、マキアヴェリも必読でしょうし、日本人には遠くてはるか昔のことであまり興味がわかないかもしれませんが、エドワード・ギボンの『ローマ帝国衰亡史』（邦訳、筑摩書房）も薦めます。

また、世界のことを知りたければ、自国の本ばかりでなく、他の国の人たちが著した本も積極的に読んで、自分たちとは異なる視点で世界を見ることを強く勧めます。

大人になってからの知的生活の基盤は、若いころに読んだ本によって作られるように思いますし、二五歳を過ぎてから根本的にまったく新しい考え方を構築することは非常に難しい。だから、それまでになるべくたくさん読書をすることを勧めます。

第4章 都市とライフスタイルのゆくえ

——ビャルケ・インゲルス

Photo by KT Auleta

Bjarke Ingels

1974年、デンマーク・コペンハーゲン生まれ。漫画家志望だった。王立デンマーク芸術大学で建築を学び、スペインのバルセロナへも2年間留学。建築家レム・コールハース率いる建築事務所OMA（ロッテルダム）に3年間勤務した後、2001年に建築事務所PLOTを共同設立。「コペンハーゲン・ハーバー・バス」や「VMハウス」を手掛ける。2005年にBIG（ビャルケ・インゲルス・グループ）を立ち上げ、「マウンテン住居」「8ハウス」を手掛けていくつかの賞を受賞し、一躍注目される。その後、上海万博のデンマーク館やデンマーク海洋博物館を皮切りに、ニューヨーク市の世界貿易センター2、カリフォルニアのグーグル本社など、現在60件ほどのプロジェクトが進行中で、約400人のスタッフが、コペンハーゲンとニューヨークのオフィスで活躍している。

人は自分が求めることを成し遂げることができるが、何を求めているのかを求めることはできない。

——アルトゥール・ショーペンハウアー

建築は「アート＋サイエンス＋エンジニアリング」だ。アートのように人を感動させるものであり、サイエンスのように深い演繹的な思考が要求され、同時にエンジニアリングの仕事のようにきっちりとうまく稼働しなければならない。橋は落ちてはならないし、建物は雨漏れしてはならないのだから。ひっきょう建築には、様々な条件や制約がかかる。社会が複雑になると、その制約の数もなまなかではないし、プロジェクトの予算も、大型ハリウッド映画の製作費をたやすく凌いでしまうほど巨大で責任も大きい。

スペース、予算、環境、人々の欲求という制約に対して、ツイスター・ゲームをする時のように身をよじりながら一つひとつ丁寧に答えを出しつつ、その上で単なる妥協の産物にはせず、クライエントが思ってもいなかったような斬新な解決方法に導く。しかも、これまで建築家は、おおよそ一つの建造物が守備範囲だったが、テクノロジーの進歩により、ごみ処理も含めたエネルギー・リサイクルや、津波に備えた都市づくりなど、都市計画にも建築家が現実的なプランを提供できるようになって、エンジニアリング部分にアートが加わることで、エキサイティングなものを生み出すことができるようになってきている。

桂離宮やタージマハールのように一つの建築がその美しさゆえに多くの人に愛(め)でられるということではなく、環境にやさしくかつそこに住む人たちの意識に積極的に働きかけて、コミュニティーを生み出す力となるような建築。テクノロジーの進歩によって、建築家がエンジニアリングの部分までコントロールできるようになり、デザインの範囲が一層広まった。その最先端を走っているのが、ビャルケ・インゲルスだ。

彼はもともと漫画家を目指していたけれど、背景などをしっかり書き込める技術を身につけたほうがいいということで、エンジニアだった父親に建築を勧められ、王立デンマーク芸術大学で建築を学び始めた。途中二年間スペインのバルセロナへ留学して建築を学んでいる時に最初のコンペで優勝している。一九九八年から二〇〇一年まではオランダの建築家レム・コールハース率いるロッテルダムの建築事務所ＯＭＡで働き、二〇〇一年にその時の同僚とＰＬＯＴという建築事務所を立ち上げた。そのころ手がけた「コペンハーゲン・ハーバー・バス」や「VMハウス」、そして「マウンテン住居」が注目され、特に「マウンテン住居」がいくつかの賞を取ったことで、一気に建築界で注目されるようになる。

二〇〇五年からはBIG（ビャルケ・インゲルス・グループ）を立ち上げて、二〇一六年までの一一年間で、コペンハーゲンとニューヨークにオフィスを広げ、約四〇〇人のスタッフをかかえるところまで急成長してきた。仕事の範囲もデンマークをはじめ、アメリカ、フランス、メキシコ、中国、アゼルバイジャンなど、世界中に広がっており、それぞれのプロジェクトが様々な賞を獲得している。

従来大きなプロジェクトを依頼されるのは、建築家が巨匠と言われる年齢になってからであったが、インゲルス氏はBIGを立ち上げてからわずか一一年の間に、ニューヨークの世界貿易センタービル2、カリフォルニアのグーグル本社、ドバイのハイパーループ1など、次々に大型プロジェクトを依頼されている。ちなみにグーグル本社は、イギリスの気鋭建築家であるトーマス・ヘザーウィックと共同でデザインにあたっている。

これまでの建築は、美しい、変わっている、面白い、建築家の個性が溢れているといったデザイン性の高いものか、合理的で合目的で合予算であるというまったく実用的なものかの、両極端に分かれていた。

インゲルス氏の場合、実用性が高いのはもちろんだが、環境にやさしく人々にとって快適で仲間意識を育み、時代の空気とテクノロジーの進歩を柔軟に取り入れ、エンジニアリング上もこれでもかというほどテストを重ねることで信頼性を確保し、そのうえアートの楽しさやエネルギーが加わる。自分のデザインを主張するというよりも、環境への配慮や使う人たちの意見をすべて取り入れることに腐心し、そのデザイン上のチャレンジに向き合うことで、これまでになかったような新しいアイディアを生んでいこうとするオープンでインクルーシブ（包含する、許容する、招き入れる）な態度が、時代精神によく合っているのかもしれない。

建築プロジェクトは関わっている人の数も多く、コントロールすべき要素も膨大な数に上るため、とにかく本人は世界中を跳び回って多忙を極めるという状態ですが、その貴重な時間の合間を縫って、インタビューはコペンハーゲンの空港から電話で行われました（二〇一七年二月収録）。

ごみ処理場を街中で最もクールな場所に

——「快楽的持続可能性」（ヘドニスティック・サステイナビリティ：Hedonistic Sustainability）という

表現を使って、持続可能性というのは、必ずしも生活の質を犠牲にして獲得しなければならないものではなく、もっとポジティブなアプローチをすることができるものなのではないか、という提案をされていましたが、これについてお話しいただけますか。

インゲルス 「持続可能性」というチャレンジを、政治的なジレンマではなくデザイン上のチャレンジとして受け止めようということです。実際に都市や建物を作るにあたって、「持続可能性」を実現するために、例えば冷たいシャワーを使わなければならないというような、様々な場面で生活の質を落とした妥協の産物にするのではなく、もっと積極的なアイディアを出して、持続可能な都市はそうでないものよりずっと快適だというふうに発想転換したものです。

その最初のプロジェクトが「コペンハーゲン・ハーバー・バス」（港を海水浴できる場所に変えるプロジェクト）。コペンハーゲンのシティライフを港まで広げようというアイディアでした。港の海水はとてもきれいで泳ぐことができる。きれいな港は魚だけでなく、都市住民にとっても素晴らしい。何時間もかけてビーチへ行かなくとも、街の真ん中にある港で海水浴ができて、生活の質と環境の質を、一緒に引き上げることができますよということです。

コペンハーゲン・ハーバー・バス

コペンハーゲン市にある港を、人々が海水浴も楽しめるような場所にした。プールでもなくビーチでもない、魚と一緒に泳げるところが発想の転換。(写真提供:BIG)

――東京には七つのゴミ処分場があります。そのうちの一つは「夢の島」という名前で知られていました。現在はうち二つが使用されています。あなたの「コペンハーゲン・ゴミ処理発電所」のリサイクル・プロジェクトは、「快楽的持続可能性」の素晴らしい例で、東京のゴミ処理問題解決の大きなヒントになるのではないかと思いますが。

インゲルス　その通りで、あれは「ヘドニスティック・サステイナビリティ」の最もいい例の一つです。ゴミからエネルギーを生み出すテクノロジーは、とてもクリーンなものになってきています。煙突から有害物質は放出されず、少量の二酸化炭素と少量の蒸気が出るだけです。このゴミ処理発電所を、コペンハーゲン市のソーシャル・ライフの中心にしてしまおうじゃないかという発想です。発電所の頂上にはきれいな空気がある。だからそこを公園にして、スキーができるようにした。クリーン・テクノロジーは鳥たちにとっていいだけでなく、街に住んでいる人たちにとっても快適だろうということです。コペンハーゲンにはスキー場がないので、スキーをしようと思ったらかなり遠出をしなければならなかったけれど、今やこのスキー場から次のオリンピック選手が出てくるかもしれない〈笑〉。

同時に電気や熱をゴミの山から抽出（ちゅうしゅつ）することで、住宅の暖房に石炭や石油を使わずに済んで大いにエネルギーの節約にもなる。

このゴミ処理発電所は、ローカルな住民の廃棄物を彼らのエネルギー源に変換してしまうわけです。一トンのゴミは二六六リットルの石油と同じエネルギーを持っているので、三キロの台所ゴミが五時間の暖房と四時間の電気に変換されるのです。

このプロジェクトは建設中で、来年（二〇一八年）完成の暁（あかつき）には、コペンハーゲン市の「二〇二五年までには完全にカーボン・ニュートラル（二酸化炭素の排出量と吸収量が同じになる」という目標に大きく貢献することになります。発電所から二酸化炭素が一トン排出されるごとに、発電所の頂上から水蒸気でできたドーナツ型の輪が、空にポンと発射さ

コペンハーゲン市のゴミ処理発電所

ゴミを再処理して電機や熱をおこすこの発電所の上は公園になっており、いつでもスキーができるようになっている。頂上の煙突からは、二酸化炭素の排出量に準じて、時おり水蒸気の輪が発射される（写真上）。（写真提供：BIG）

れる楽しい仕掛けになっている。ＢＩＧでは、「情報と知識に基づくデザイン」を常に心がけています。行動の変化は知識に根差すと確信しているからです。知らなければ行動のしようがない。

（この発電所完成によって）「環境の持続可能性」という抽象的な目的が、コペンハーゲン市のスカイラインの一部となって具現化され、市がコミュニティーとしてどれくらいエネルギー効率をよくすることができるのか、（例えば水蒸気ドーナツを見ることで）住民は日々直接実感することができるようになるでしょう。

建築が人間の意識を積極的に変える

――コペンハーゲンのオレスタッド地区に作られた「マウンテン住居」に見られるように、あなたは環境にやさしいだけでなく、人々の交流も高まるような、社会的にもフレンドリーな建物を目指しておられます。しかし、ショーペンハウアーが言う通り、人間には、ちょうどヤマアラシ同士の関係のような、社交的だから他の人に近づきたいけれど、近づくと傷つくのであまり近づきたくない、というジレンマがあるのではないか。なぜなら「ほとんどすべての人間の悲しみは、他の人たちとの関係に根差しているからだ」と。このジレンマにどのように対処してこられましたか。

インゲルス 「マウンテン住居」は、「郊外にある庭つきの家」と「街中にあるペントハウスからの眺め」の両方を兼ね備えた住居を作ろうという発想でした。（同じくコペンハーゲン市に作った全一〇階建ての集合住宅）「8ハウス」の場合は、道路とその道路で起こる他の人たちとの偶然の出会いを、最上階に至るまで住居に組み込んだものです。従来の集合住宅なら、建物の外の道路に出なければありえないような出会いです。九階に住んでいても、ドアから出たらすぐに道路になっているので、歩いたり自転車に乗って下りていくことができるし、その途中で隣人と挨拶することも可能になる。「8ハウス」は単なる三次元の構成の面白さを狙ったのではなく、住居全体が、住民たちがコミュニケーションしやすいようにできています。

建ててみてわかったのは、これらの住居が自然に無理なく出会いの場所や、人同士のつながりや社交性を生み出すということです。はからずしてコミュニケートすることを誘発する。建物の構造が変わるだけで、ローカルなコミュニティー愛を育んで、住んでいる場所に対する愛着とかコミットメントが生まれる。その場所を大事にしたり、手入れしたくなるし、隣人たちに対して親類のような親近感を持つようになります。「8ハウス」が誘発したローカル文化は、単に出会いの機会が増えたというにとどまらず、他のビルに比べて住人たちのコミュニティーに対する愛着と自発的な奉仕の感覚が育ちます。
実際に「8ハウス」に住んでいる住民が「限りない幸せ」という日記形式のドキュメンタリー映像を作ったのですが、いかに建築がコミュニティー作りに大きな影響を与えるかということが、よく表れています。

——建築そのものが人間の意識にポジティブな変化を積極的にもたらすということですね。

インゲルス そうです。実際には、建物が他の人たちとの偶然の出会いのスペースを提供するのですが、会う機会が増えれば、隣人たちをよく知ることになり、よく知ることで絆（きずな）が創られ、絆が創られることで、コミュニティーは強くなります。同時に、「8ハウス」はその姿がユニークだし、機能の仕方にも特徴があるので、その個性や際立った特徴、他の典型的なビルとの異質性が、ローカルなコミュニティー愛をより強く育むことにもなります。

マウンテン住居

住居の下にあるガレージの壁には、換気用の穴の大きさの違いだけをうまく使って山の絵が描かれていて、常時換気は抜群なのに雨も雪も一切入らない。穴だけを使用したこの山の絵が住居の特徴の一部になっている。平地のデンマークに山を作り、通路にはデンマークのデザイナー Verner Pantonの鮮やかな色が採用されて、エネルギーを感じられるようにもなっている。(写真提供:BIG)

8ハウス

全10階、476戸からなる集合住宅だが、街中にあるタウンハウスの感じと、郊外にある庭つきの家の両方の魅力を備えたものになっている。家を出ると、すぐ道路があるような構造のため、住民同士のコミュニケーションも活発になる。上から見ると「8」の字を模した構造になっていることが命名の由来。(写真提供:BIG)

最先端のものはすぐに古くなる

——発明家であり未来学者でもあるレイ・カーツワイルによると、将来われわれは、電線やパイプがはめ込まれたレゴのようなブロックを3Dプリントして、それらを積み上げることで、簡単に安全で耐性の高い建物を作るようになるということです（109ページ参照）。実際少なくとも先進国では、食にしろ、ファッションにしろ、家具にしろ、建築もそうかもしれませんが、高品質の製品が、ファースト製品にとって代わられる傾向にあるようにも見えます。これについてはどうお考えですか。あなたは将来の建築についてどのような予測を立てておられますか。

インゲルス　3Dプリンティングは今のところ限られた製品開発に使用が試みられていますが、いずれ大量生産型の建築にも建築材料として使用されるようになるのは間違いないでしょう。しかしテクノロジーが飛躍的に発展して「ムーアの法則」[*1]あるいはカーツワイルが提唱するような「収穫加速の法則」[*2]に従って加速度的な技術革新が起これば起こるほど、建物自体はローテクになっていくのではないか。テクノロジーの部分はますます短命になり多様になっていって、現在の最新テクノロジーを建物のデザインにたくさん取り入れれば取り入れるほど、建物が実際に建つ三、四年先にはそれらのテクノロジーはすでに古いものになっているでしょう。数年たつとiPhoneが古くなってしまうのと同じです。

ですから、東京やコペンハーゲンにある、天井が高くて大きな窓や厚い壁のある古い家は、将来の住宅としてパーフェクトなんです。インターネットの接続などを含めてすべてがワイヤレスになり、エネルギー効率のいいものに変わっていくと、非常にローテクな環境というのは、ハイパフォーマンス環境として最適になっていくと思います。

＊1　ムーアの法則（Moor's Law）：半導体生産で知られたインテル社の創始者の一人ゴードン・ムーアが提唱したもので、集積回路の中に入るトランジスタの数は毎年二倍になっていくというもの。何十年にもわたってほぼこの法則の通りに技術革新が進んできた。

＊2　収穫加速の法則（Law of Accelerating Returns）：歴史的に見て技術革新は、指数関数的に加速度がついたように発展していくものだとする法則。それが社会や文化にも大きく影響を与える場合がある（85〜90ページ参照）。

「制約」こそクリエイティビティの基

——「イエス・イズ・モア（Yes is more.）」というあなたのスローガンは、どのような意味を持っているのでしょうか。

インゲルス　これは建築に対するインクルーシブなアプローチの仕方を表現したものです。建築とは「適応のアート」であるべきです。アバンギャルド的な革命的な態度というのは「反体制」「反既存スタイル」が典型的な決まり文句ですが、これに対抗して「過激にインクルーシブ」にすることで、革新や発見の確率を格段に上げようというのが私の態度です。

ですから、単に一つの条件や要求に対して「イエス」と答えるだけでなく、複数の、しかも対立するような要求に対しても何とかしてすべて「イエス」と答えようということ。「イエスと言うことでより可能性が広がる」（Yes is more.）ということです。まさに体をねじってアクロバットをするように、デザインをよじりながらあえて矛盾するような要求を包含してそれらを実現していく。

VIA 57 WEST
ニューヨーク市に作られた中庭のある高層ビル（中央左の三角形の建物）で、どの部屋にも光がよく当たり、中庭が楽しめるようになっている。（写真提供：BIG）

そうすると、スタンダードな既存の解決方法というものはまったく役に立たなくなる。すべての条件や要求には応えられないからです。そこからまったく新しいデザインというものが半ば強制的に生まれてくることになります。すべてに対して「イエス」と言うことで、結果的にもっとたくさんのことをしなければならなくなるからです。

典型的な例は「マウンテン住居」です。庭のある郊外と街中であることが両方満たされている。ニューヨークにできた集合住宅「VIA」の場合は中庭（コートヤード）と高層ビル（スカイスクレイパー）とが一緒になったので

「コート・スクレイパー」と呼んでいます。膨大な数の耐性実験を経て、対立するような要求や条件をすべて満足させるということに完全にコミットしたら、イノベーションや発見が生まれるチャンスは高くなります。

――制約を妥協の元にしてしまわずに、クリエイティビティの基にしてしまおうということですか。

インゲルス　その通りです。ある意味、問題が難しければ難しいほど、その解決策は予想を超えたものになる。

問いかけを繰り返す、「このプロジェクトの目的は何か？」

――BIGでは現在約六〇のプロジェクトが進行しており、その中にはドバイのハイパーループ1やニューヨーク市の世界貿易センター2、カリフォルニアのグーグル本社などが含まれています。約四〇〇人の人たちがニューヨーク市とコペンハーゲン市にあるBIGのオフィスで働いているわけですが、これら全体をどのように運営しているのですか。

「世界貿易センタービル2」(ニューヨーク)、グーグル本社(カリフォルニア)の完成予想図(写真提供:BIG)

インゲルス　いい質問です〈笑〉。ある意味、ＢＩＧはメリトクラシー（実力主義）で動いています。独裁ではないし、民主主義でもない。最もメリット（効果）のあるアイディアをわれわれは採用する。私自身が最も革新的なアイディアを出すということではなくて、結果的にわれわれが、どのプロジェクトにおいても常に必ずベストなアイディアを採用することになるように持っていくのが私の仕事です。

デザイン・プロセスの一部として、「このプロジェクトの目的は何なのか」ということを繰り返し何度も問いかけるようにしています。この繰り返しの問いかけが、チームメンバーや共同作業者やクライエントたちにとって、ある種のエネルギーの元であり、継続する学習の元になるわけです。たった一人のクリエイティブな天才がデザインを出す権限を持っているのではなく、すべての人にその権限がある。選択をする際には、なぜこのアイディアを選択して他の選択肢ではないのかという理由や、これがプロジェクトにどのように関係しているのかという全体像を、できうる限り透明で明確にすることが私の仕事だと考えています。これによって、プロジェクトが進行するにしたがって、誰もがエキスパートになり、このプロジェクトについて確かな決断をすることができるようになります。

——あなたの建築に対する姿勢というのは、以前の巨匠と言われた建築家、例えばルイス・カーン[*3]やフランク・ロイド・ライト[*4]、フランク・ゲーリー[*5]などとは明らかに異なっているように見えます。彼らの場合ヒエラルキーがはっきりしていたけれども、ＢＩＧの場合はもっと水平構造になっているようですね。

＊3　Louis Isadore Kahn：一九〇一年、エストニア生まれの建築家。幼少期にアメリカに移住し、ペンシルベニア大学美術学部建築学科にてフランス人建築家ポール・クレに師事。代表作に「イエール大学アートギャラリー」「ソーク研究所」などがある。一九七四年没。

＊4　Frank Lloyd Wright：一八六七年、アメリカ・ウィスコンシン州生まれの建築家。ルイス・サリヴァンに師事。「帝国ホテル」や「自由学園明日館」の設計に携わり、日本との縁も深い。代表作に「カウフマン邸（落水荘）」「グッゲンハイム美術館」などがある。一九五九年没。

＊5　Frank Owen Gehry：一九二九年、カナダ・トロント生まれの建築家。南カリフォルニア大学にて建築を学んだ後、ハーバード大学デザイン大学院で都市計画を学ぶ。代表作に「ビルバオ・グッゲンハイム美術館（スペイン）」「ルイ・ヴィトン美術館」などがある。

インゲルス　私はアイディアや知識の拡散化ということに信頼を置いています。必要な知識を備えた人たちが多くいればいるほど、知識に基づいた優れたデザイン判断が下せますし、質の高いアイディアが出てくる可能性が高くなると考えています。

建築は未来世界に大きく関わっていく

――建築プロジェクトには、何百億、場合によっては何千億円というような巨額の資金が必要ですから、たった一つのビルが、『アバター』のような高額な映画のコストを簡単に上回ってしまうわけです。それぞれのプロジェクトにおいて、大きな「計算されたリスク」(calculated risk) を負っておられると思いますが、それらの莫大(ばくだい)な責任に対してどのような心構えで向かっておられますか。

インゲルス　われわれはまずプロジェクトの最初の段階で、デザイン上の決断をするのに関係してくるすべての問題を分析することに十分な時間を割いています。重要な問題さえはっきりすれば、あと残っているのは、それに答えるという仕事だけだからです。主要なパラメーター（変数）は何か、重要な基準は何か、最大の問題は何か、最大の可能性は何か、これらの問題に答えていくうちに、プロジェクトは、外見上大きく姿を変えてくるのみならず、従来のものとは異なる機能を備えたものが創造されていくようになる。

知識を基本に据えたデザインのアプローチの仕方は、（基準がきっちりと決まった）フォーマルなものとプログラムできるものとの両方を合成することで、より高い目標をめざすことができるようになる。こうすることで、今日われわれが直面する重要な世界的な問題に対して、建築家が以前よりずっと大きく貢献することができるようになります。

われわれのやっている仕事のすべては、社会的・文化的な目的を持っていて、より大きな社会のインフラやネットワークとますます強く結びつくようになってきています。都市や建物は「住むことのできる風景」であり、（様々な要素が相互に関連した）人工のエコシステムなんですね。

基本的に建築は、われわれの社会の表現型です。社会のニーズや、理想や、不安や、負担などを、現実の世界に具現化する。単にきれいな外見や高価な「彫刻」としてのビルをデザインするのではありません。われわれの仕事の目標は、住民の直接のニーズを満たすと同時に、成長を積極的に促す余裕を残しながら、都市や建物を進化させていくということです。建築家にとって最も重要な仕事は、人工のエコシステムをデザインするということです。これらのエコシステムが、都市や建物に住む人々、そこにいるすべてのタイプの人々にとって快適になるような、包容力のあるフレームワークを保証することになります。

ＢＩＧで進行しているプロジェクト一つひとつの最先端では、明日との対話が行われていますが、そこに行くためには、現在の状況をじっくりと直視・分析する必要がある。先に紹介したコペンハーゲンのゴミ処理発電所も、そのようなプロセスから生まれたものです。

メッセージと推薦図書

――若い人たちにどのようなメッセージがありますか。

インゲルス　サイエンスと同じように、建築も仮説を立ててそれを実験によって検証していく過程を経るものです。宿題をすべてやる必要はないし、すべてのカリキュラムをこなす必要もない。何か好きなものを見つけたら、それがどこから来ているのか、どうやってそうなったのか、その背後にはどんなアイディアがあるのかを、深く深く徹底的に掘り下げて、本当によく理解しようとすることが大事です。

一番重要なのは、そこに住む人たちのことに親身になる（ケアする）ということ。この気持ちがなかったらまったくやる意味がない。建築家は彼らの夢や希望や背景を理解して、彼らが住みたい環境を彼らと一緒に生み出す。建築分野で歩き始めた最初の頃、レム・コールハースと仕事をすることで気づいたのは、彼はもともとジャーナリストだったので、建築はそれ自体が完結したアートだという考えではなく、彼のデザインは必ず社会との継続した対話が基本になっていて、それが目から鱗という感じだった。

地質学者は地球の年代を様々な地質時代に区分していて、それぞれの時代の最も重要な地質学的変化を採ってその時代の名前をつけていますが、それによるとわれわれは「人新世（Anthropocene）」にいることになる。つまり人類が地質学的変化をもたらす最も大きな力になっているような時代ということです。地質学者によっては、「人新世」は一八世紀の産業革命から始まったと言うけれども（第二次世界大戦後に始まったという説もある。76ページ参照）、他の地質学者は、それはすでに八〇〇〇年前にわれわれが動植物を家畜化／農業化して、狩猟文化から農耕文化にシフトして定住し出したころから始まっていると言います。住居や柵などを建築し始めたことで、進化に大転換が起こった。

ダーウィンの進化論では、環境へ適応することで生物は進化してきたということですが、八〇〇〇年前に人類が道具を開発し建築を始めたことで、逆に初めて環境を生命体のほうに適応させることができるようになったと考えることもできます。地質学者は、今日の人類は地球環境全体を変化させるような力を持っていると言います。大きな力には大きな責任が伴う。

自分の専門分野だけでなく、他の分野の人たちとも話ができるようなツールと言語を身につける必要があると思います。第二次世界大戦後、建築は大ブームで、様々な建築上の実験が行われて、非常に単調な住環境をたくさん生み出した。その後建築は自分の世界に閉じこもってしまった感がありますが、今また新たなテクノロジーを利用することで、人々や環境との対話を通じて、人類全体がこれからどのような世界に住んでいきたいのかという問題に、以前よりもずっと広い意味で建築家が新たに大きな貢献をすることができるのではないかと思っています。

――若い人たちにどんな本を薦めますか。

インゲルス　本はたくさん読みます。例えばキム・スタンリー・ロビンスン[*6]の火星三部作などは愛読書の一つです。

＊6　Kim Stanley Robinson：一九五二年、アメリカ・イリノイ州生まれのＳＦ作家。生態学的な持続可能性や、経済的・社会的正義などのテーマを掘り下げた作風で知られる。代表作である火星三部作（『レッド・マーズ』『グリーン・マーズ』『ブルー・マーズ』、邦訳、創元ＳＦ文庫）は、火星にはじめて入植した人類の姿を描いたもの。

第5章 気候変動モデル懐疑論——フリーマン・ダイソン

Photo by Dan Komoda

Freeman Dyson

1923年、英国バークシャー生まれ。数学者、理論物理学者、宇宙物理学者。ケンブリッジ大学卒。コーネル大学物理学教授を経て、プリンストン高等研究所教授に。若くしてダイソン方程式を発表、量子電磁力学の完成に大きく貢献した。国防省、航空宇宙局、軍備管理軍縮局などの嘱託も務めた。宇宙分野では「ダイソン球」や「ダイソン・ツリー」、「アストロチキン」などの気宇壮大なアイディアを連発し、SFにも多大な影響を与えた。原子力発電の研究にも携わっている。著書に*Disturbing the Universe*（1979、邦訳『宇宙をかき乱すべきか』ちくま学芸文庫）、*Infinite in All Directions*（1988）、*The Scientist as Rebel*（2008）、*Dreams of Earth and Sky*（2015）など多数。

マジョリティーに同意するのは知識人にとって時間のムダだ。定義からして、そっちにはすでに十分な数の人がいるわけだから。

――G・H・ハーディ

アメリカのニュージャージー州プリンストン市にある高等研究所（Institute for Advanced Study）は、自然科学ならびに数学分野の世界に冠たる研究所として知られており、アインシュタイン、ゲーデル、フォン・ノイマン、オッペンハイマーなど、世界のトップ研究者たちが集っていた。物理学者の湯川秀樹（ノーベル物理学賞）や数学者の小平邦彦（フィールズ賞）も在籍していたことがある。フリーマン・ダイソンは、一九五三年にこの高等研究所に最年少で迎えられ、現在名誉教授であり、アインシュタインの真の後継者としてあまねく尊敬されている。

ダイソン氏は、イギリス出身の、数学者にして理論物理学者であり宇宙物理学者でもある。二六歳の時、朝永振一郎とジュリアン・シュウィンガーがそれぞれ独自に導出した量子電磁力学理論が、リチャード・ファインマンの考案したファインマン・ダイアグラムと関係していることを数学的に証明して、オッペンハイマーをいたく感銘させた。二八歳で博士号なしに、コーネル大学に物理学教授として迎えられ、三〇歳で高等研究所のパーマネント・ポストを与えられている。後に朝永とシュウィンガーとファインマンは、この理論によりノーベル賞を受賞している。

一つの問題を何十年もかけて研究するというのは、自分の性に合っていないと語るダイソン氏は、数学並びに理論物理学分野での重要な貢献に加えて、例えば、原子力推進宇宙船の開発を目指したオリオン計画、小型の研究用原子炉TRIGAの設計、オークリッジ国立研究所での気象学の研究、プリンストンの宇宙研究所など、他の様々な分野でもリーダーとしてめざましく活躍してきた。また、少数のエリート科学者を集めたアメリカ政府の科学アドバイザーグループであるJASONのメンバーとして、核軍縮や宇宙開発などにも長年にわたって関わってきた。

「私は異端者であることを誇りに思っている。世界は、通説に挑戦する異端者を常に必要としている」と語るダイソン氏は、通説やドグマに惑わされず、様々な問題に対して常に独自の視点を提供してきた。

例えば、気候変動問題については、気候変動があることは認めるが、気候モデルが脅すほどひどくはないし、何より気候変動研究がファナティックかつ政治的になってしまって、いかなる批判的研究も受け入れないという状態であることに対して、強く批判している。気候変動については、モデル構築ではなく地道な観測研究がなされることが重要であると。

そもそも世界の「平均気温を測定する」というような、きわめて基本的なことでさえ、十分に正確に計測するのはそう簡単ではない。寒暖計を地上からどの位置に置くのか、季節や場所によっては、一日の内でも気温が一〇度以上変化することなどけっして珍しくないのに、一体いつ、どの天候の時に温度を測るのか。寒暖計にわずかな陰が落ちるだけで、測定気温は数度以上変わってしまうわけで、寒暖計の設置場所がビルの林立する都会なのか、畑のそばなのか、ひさしの下なのか、海岸に近いのか、内陸なのか、といったように、わずかな違いが大きな温度差となって表れてしまう。その場合、季節や時刻は言うに及ばず、環境変化が著しい場所で、長期にわたって信頼できるデータをどのように正確に計測したらいいのだろうか。また一〇〇年前のデータとの比較などが行われているけれども、果たして一〇〇年前の計測データは、今のものと比較できるくらい正確なものなのだろうか。そもそも気候は、人類による温室効果ガス放出以前にも、常に変動してきたのだ。

ダイソン氏は、スタンリー・キューブリックの『2001年宇宙の旅』の科学アドバイザーでもあったほか、「ダイソン球」や「ダイソン・ツリー」、「アストロチキン」など、SFにも多大な影響を与えるような、大きく想像力を羽ばたかせるアイディアの提案者でもある。

そして『宇宙をかき乱すべきか』など、エッセーの名手でもある彼の著作には、その誠実で真摯な人柄、美しさに対する感性、マジョリティーにはけっして流されない強靭な精神と、いたずらっぽい子供のような遊び心がのぞき見える。

ほぼすべての質問に対して、明快なる即答という感じでしたが、宗教に関する質問に対してだけは、一つひとつゆっくりとかみしめるように答えていたのが印象的でした。

インタビューは、プリンストン大学からそう遠くないところにある、緑あふるる高等研究所の二階にある、ダイソン教授のオフィスで行われました。研究所に隣接する木漏れ日散りわたる森は、アインシュタインやポール・ディラック、ニールス・ボーア、ウルフガング・パウリなどが、毎日議論しながら散策したところでもあります(二〇一五年一〇月収録)。

1　気候変動の誤謬

気候科学は宗教だ

――あなたは、「世界的な温暖化というのは、気候モデルによってはじき出された数字に惑わされて、ひどく誇張されている」と言われます。実際一九七〇年代には、われわれは「温暖化」よりむしろ「地球の寒冷化」のほうを心配していたわけです。

また中世代（一〇世紀―一四世紀ごろ）、つまり産業革命後の人類による二酸化炭素排出が始まる前ですが、グリーンランドが緑化してバイキングたちが移住するくらい強い温暖化の時期があり、その後（一五世紀―一九世紀ごろ）、ロンドンのテムズ川が凍るほどのミニ氷河期が訪れたという記録が残っています（*1990 IPCC Chart of the Medieval Warm Period and Little Ice Age*）。

現在の「温暖化」ないし「気候変動」に関しては、どのような重要問題があるとお考えですか。

ダイソン　あなたが今言われたことはすべて、まったくその通りで、問題は、あまりにも多くの時間と努力が、この地球温暖化の議論のために使われているということです。森林伐採（ばっさい）や、野生動物の破壊、生息環境の破壊など、他にもたくさんの環境問題があります。実際に被害が生じているところに、はるかに多くの真摯な注意を払うべきです。

残念ながら、気候についての議論が政治的な協議を占領してしまっていて、公衆衛生や広域伝染病などへの注意がおろそかになってしまっています。私たちが対処しなければならない、はるかに重要な案件が山積みであるにもかかわらず。悲しいことです。

――大気中の炭素削減のために何兆円というお金を使うのではなく、例えば被災地域の再開発に回すべきだと。

ダイソン　そうです！　炭素削減は、まったく理解できません。[*1] 愚かな行為であり、議論することと自体が愚かだと思います。その議論のために多大な時間を費やしてきたのは、実に嘆かわしい。誰もがこぞって炭素削減について語っています。

実際、炭素を一番多く削減しているのはアメリカです。シェールガスのおかげで、石炭に代わってガスを使っているので、炭素削減につながっている。[*2] しかしこれは、シェールガスが石炭よりも安価で便利だという経済的な理由から来るもので、政治的な判断ではありません。たまたまシェールガスの埋蔵量が多かったので、それを利用することで、炭素削減をしているというだけで、環境へ配慮したからではない。偶然の産物と言ってもいいくらいで、このように、炭素削減を声高に言いつのっている国々が、実際には大して努力をしていないのです。

＊1　もともと植物は太陽光のエネルギーと水と大気中の二酸化炭素を使って光合成を行い、成長に必要な炭水化物（グルコース）を作っていて、二酸化炭素は、地球の緑化に貢献してきた。この過程で酸素が放出され、それが動物の呼吸に使われている。農業では実際、温室に二酸化炭素ガスを放出することで、植物の成長を促進させたりもしている。

＊2　ただし、シェールガスを燃焼することによってメタンが排出され、メタンは二酸化炭素よりも強い温室効果ガスであるとの発表もある。

——気候変動問題に対して、重大な疑問を投げかけている科学者たちもいます。例えば、ノーベル賞受賞者であるノルウェーの物理学者アイヴァー・ジェーバー、プリンストン大学の物理学者ウィリアム・ハパー、MITの大気物理学者リチャード・リンゼン等々。ジェーバー氏は、「気候科学は宗教の様相を呈してきている。気候変動を信じない者は、いかなる研究もできないようになってきている」と警鐘を鳴らしています。[*3]

例えば一九三〇年代には、「優生学」が科学コミュニティーのコンセンサスということになっていましたが、気候変動に関しても「科学コミュニティーのコンセンサス」に対して疑問が提示されているということでしょうか。

＊3　またMITのリンゼン教授は、IPCC（気候変動に関する政府間パネル）レポートの要約は、科学者ではなく政治家と官僚が書いていることを指摘している。

ダイソン　そうです。コンセンサスが誤っていたケースはたくさんあります。サイエンスでは珍しくありません。なぜ炭素に対して強い拘泥が沸き起こったのか、理解に苦しみます。しかし残念ながら実際に起こりました。

環境への宗教的とも言うべき注目自体は、ある意味いいことです。私自身も環境保全を熱心に支持していますし、一種の宗教として理解することもできます。在野宗教（secular religion）としてのマルクス主義が、マルクス主義そのものよりも理解しやすかったのに似ています。ですから大体において、環境保護主義者に好意を持っています。環境保護はいいことです。われわれ自身がその一部である自然を保護しなければならないし、その良き世話人でなければならない、というような宗教的な感覚を持つのはいいことだと思います。

残念ながら、それが炭素燃焼という、環境保護とは関係のない問題と混同されてしまった。炭素燃焼そのものは、環境に悪いということはないですね。それがなぜか環境に悪いという評判になってしまったのは、まったく不幸なことです。

――それでも気候変動のあるなしにかかわらず、化石燃料への依存を少なくするのは、よいことなのではないですか。

ダイソン　そうとは言い切れません。環境保護とはあまり関連していません。化石燃料を使用することが環境にいいか悪いか、断定的に言うことはできません。そのことよりもはるかに危険なことがたくさんあります。

気候モデルは、ゴミを入力してゴミを出力する

――あなたは七〇年代、オークリッジ国立研究所で気候変動の研究をしておられました。気候変動の最初のモデルは、あそこで作られたのでしょうか。

ダイソン　そうではありません。コンピュータモデルはオークリッジで開発されたのではなく、ここプリンストン大学と、確かコロラド大学でも、そしてイギリスでも開発されました。オークリッジにいたのはほとんどが生態学者で、コンピュータ上ではなく、実際の環境についての議論をしていました。

――ウィリアム・ハパー教授は、気候モデルに対して、「ゴミを入力してゴミを出力する」と厳しく批判していました。経済モデルも、実際の経済にはまったく無力であることが知られています。

ダイソン　そうです。

――地球の気候や世界経済などのような複雑なシステムに対して、モデルを使う以外に、どのような方法でアプローチできるのでしょうか。

ダイソン　ここプリンストン大学で気候モデルを研究していた真鍋淑郎（しゅくろう）氏によると、気候モデルはそれなりに役に立つということです。真鍋氏は、気候モデルは現在の気候を理解する上では役に立つ、しかし気候の予測には無力であると常々言っていました。経済モデルについては、より一層そのように言うことができます。

気候モデル上では、一つずつ変数を変えていくことができます。二酸化炭素という要素を一つ加えると、どのように全体が変化するかがわかる。それは、理解の助けになります。しかし気候モデルの問題は、コンピュータに入力するにはあまりに複雑な、一〇〇以上の異なるファクターを排除してしまうことです。実際の世界で起こっている非常に複雑な事柄を、すべてモデルから省いてしまう。

経済モデルの場合は、もっとそうなります。ですから、モデルが描く世界は、非常に簡素化されたものになってしまうのです。そうすると、部分を研究するには役立つでしょうが、全体を把握するには大きな問題があります。

——では全体を把握するには、どうしたらいいのでしょう。

ダイソン　全体を把握するための唯一の方法は、現実世界を研究することです。それは、オークリッジで実際に行われていたことです。これが現在は十分に行われていない。

問題は、コンピュータモデルが非常にリアルに見えるようになってきてしまったために、それを使っている人々が、モデルと現実の区別をつけにくくなってしまっていることにあります。彼らはモデルが現実だと思いがちですが、もちろんそうじゃない。これが誤った理解に結びついています。

二酸化炭素は必要だ

――二酸化炭素はわれわれにとって有益であるというわけですね。

ダイソン　二酸化炭素は植物にとって有益ですから、われわれにとっても有益です。野生植物であれ、栽培植物であれ、大気中の二酸化炭素を使って生息していますから、大気中の二酸化炭素は緑化に貢献しています。

――アンリ・ロート[*4]の『タッシリ・フレスコを探して』(*The Search for the Tassili Frescoes*, 1959)によると、サハラ砂漠も約六〇〇〇年前は緑あふれた地であったようですが。

＊4　Henri Lhote：フランスの探検家であり民族誌学者。フランスの兵士が見たという証言を頼り

に、一九五六年、アルジェリア南東部のサハラ砂漠にあるタッシリ・ナジェールと呼ばれる山脈地帯を探検。八〇〇にものぼる素晴らしい洞窟画（フレスコ壁画）を発見した。新石器時代に描かれたとされるそれらの岩絵は、一帯が湿潤で、人間はじめ多様な生物が生息していたことを物語っていた。一九五七年と五八年にはパリでその写真や模写を展覧し、「今世紀最も画期的な展覧会の一つ」（アンドレ・マルロー）と言われた。

ダイソン　その通りです。緑のサハラ地帯も、大気中の二酸化炭素によって支えられていたはずです。

――そうすると、炭素排出量に課せられる「炭素税」とか「カーボン・オフセット」（炭素排出量を別の方法で相殺（そうさい）する試み）というのは、どうなんでしょうか。

ダイソン　個人的には、賛成しません。炭素を目の敵（かたき）にする意味がわかりません。いいこともあれば悪いこともあるでしょうが、全体としては有益だと考えています。

――気候問題に対する「ナチュラリスト」対「ヒューマニスト」の立場の違いについて、お話しいただけますか。

ダイソン　自然に対する人類の立場について、二つの見方があるということです。一つは、人類を自然の一部とは考えずに、自然の破壊者であると捉える立場です。この場合、われわれ人類は、なるべくその活動を抑えて、人類が出現する前の自然状態を維持すべく、努力をしていくことになります。これが環境に対する「ナチュラリスト」の見方です。

もう一つは、「ヒューマニスト」の見方で、こちらはわれわれ人類を自然の一部であると捉え、人類が他の自然とどのように調和していくかということに対して努力していくべきだという立場です。この場合、自然との調和を考えながらですが、われわれが自然を変えていくことも、自然の力を借りて人類が豊かに幸福になっていくことも、許容されます。

2　科学と宗教

人間は事実を確認するより、物語を信じる傾向にある

――DNAの二重らせん構造を解明したジェームズ・ワトソンは、「ダーウィンが入ってきて、神は出ていった」と言っています。またバートランド・ラッセル（英国の数学者、哲学者）は、「宗教というものは、われわれの知性がまだ黎明期にあったころの残滓であって、われわれが理性とサイエンスをガイドラインとして採用するようになれば、消滅する」と言っています。

そしてG・H・ハーディ（英国の数学者）をはじめとして、ポール・ディラック（英国の理論物理学者）や他の偉大な科学者たちは、（神の存在は人知では知りえないという）不可知論者か無神論者です。

しかしあなたは、宗教に関しては、良いことのほうが悪いことよりも上回ると言われます。宗教をどのように見ておられますか。宗教は何を提供できるのでしょうか。

ダイソン　宗教は、サイエンスよりもずっと深いルーツを持っていると言えるでしょう。歴史的に見ても、はるか昔から人類に浸透しています。宗教はそれぞれの時代のモラル形成に重要な役割を果たしてきました。われわれには、何らかのルールに沿った、その時代の合意に基づく行動のパターンというものが必要です。宗教は、ルールを提示するための、強力な方法でした。一方で、（宗教関係者や王族・貴族といった）宗教と結びついた個人に過大な権力を託すことにもなってしまいましたが。

善と同時に、多くの悪も宗教に結びついてきました。全体として見れば、宗教はおそらく悪よりも善のほうが上回ると言いましたが、だからと言って悪がなかったことにはなりません。私自身は、宗教とは私たちの本質に深く根差した考え方である、と捉えています。私たちは計算機ではありませんから、事実よりも、物語や伝説やファンタジーというものに強く反応します。

これは私たちの歴史にしっかりと織り込まれているものです。人類が洞窟生活をしていたところ、子供たちは焚火を囲んで座り、大人たちの物語を聞いていた。このようにして文化というものが育ってきたわけです。ですから、私たちは、事実を確かめるよりも、物語を信じる傾向にあります。これが人間の本質です。

事実を確認することで成立するサイエンスというものは、ずっと後になって出てきました。まだ端緒についたばかりと言ってもいいくらいです。

——あなたは、「世界を見る一つの窓がサイエンスで、もう一つの窓が宗教である。物事のメカニズムはサイエンスの問題であり、物事の意味は宗教の問題である」とおっしゃっていました。ですが、人間が宗教を作ったわけで、そうなら、「物事の意味」というものや宗教についても、人間の脳を研究することで説明できるようになるのではないですか。

ダイソン　それはこれからの課題です。脳の研究はもちろん限りなく興味深いですし、多くの成果もあげていますが、宗教についてはまだ何ら示唆するところはないですね。脳がどのように働いているのか、脳の言語が何であるかを理解するには、はるかなる道のりがあります。まったくわかっていない。まだ表層を掻いているくらいで、深く内容を理解するには至っていません。

われわれが獲得してきた叡智というものは、倫理感覚や美しさへの感覚、言語や音楽への愛、美と醜の区別、善と悪の区別、といった意識から生まれてきました。これらはすべて、サイエンスの外、その枠を超えたところにあって、まだ私たちの存在の基本となっているものです。

——これらはサイエンスではまだ説明できないけれども、いずれできるようになるのでは……。

ダイソン　サイエンスで説明できるようになるのかもしれません。そうでないといいですが〈笑〉。私自身は、説明よりも、これらすべてのミステリーを抱えていたいですね。

――モラルを持つことで、宗教の代わりにはなりませんか。

ダイソン　宗教なしで問題なくやっていくことができる人もいます。宗教は普遍的なものではありません。しかしほとんどの人は、宗教をよりどころとして生きています。すべての文化に何らかの音楽や何らかのモラルが存在するように、私たちの知っているすべての文化には、何らかの宗教が存在します。サイエンスよりも深く食い込んでいます。

――宗教は、支配者たちが自らの権力維持のために発明したものだとは考えられませんか。

ダイソン　そうですね。宗教は、支配者たちが発明したものではないですが、利用したものではあります。イエス・キリストは支配者ではなかったですが、一つの宗教を始めました。イエスの宗教は、その後支配者たちによって、権力の道具とされたじゃないかと言われるかもしれません。確かにそうです。でもそうなったのはイエスの責任ではないですね。

――ご自身のことを「教義なしのキリスト教信者」であるとおっしゃっていますが、どのような意味でしょうか。

ダイソン　私は、自分が所属しているキリスト教のコミュニティーが好きです。その音楽も、文学も、建物も、建築様式も、そしてコミュニティーそのものが特に気に入っています。そこにいるのは、お互いに助け合う人たちです。地域のそこかしこで、グループで貢献してきた人たちです。聖書に書いてあることを信じずとも、これらすべてを楽しむことができます。私の所属する教会では、神を信じる人もいるし、そうでない人もいます。それはどうでもいい。教会に所属する際、何を信じているかを聞かれることはありません。

――人生の意味ないし目的は何だと思われますか。

ダイソン　人生の目的はわかりません。確かなのは、われわれが非常に社交的な動物であるということです。ですから、私たちは、お互いに助け合うことで善をなしています。それがおおよそ善ということの定義でもあります。利己的でない生き方ですね。私たちは本質的にそういう存在だから、利己的でない生き方をすることで、自分自身が幸せになることができます。

これは偶然ではないと思います。サバイブしていくことが困難で危険な場合、捕食者と獲物というような世界で生き延びていくためには、このような利己的でない生き方が必要です。概ね、利己的でない人のほうがうまく生き延びていくことができます。ですから、単なる偶然でそうなっているのではないでしょう。宗教とは関係なく、そのようにわれわれは育ってきていて、宗教も、そのような方向に人々をプッシュしています。

3 サイエンスの本質とは何か

素粒子研究の問題点

――あなたは、大型ハドロン衝突型加速器（ＬＨＣ[*5]）を使うような、大規模の物理学に対して、疑問を呈しておられます。ＬＨＣは、予測していないことは発見できないと。むしろ、パッシブな粒子観測方法[*6]を推薦しています。なぜでしょうか。

＊５　ＬＨＣ：ＣＥＲＮ（欧州原子核研究機構）が、高エネルギー物理現象を観測するためにスイスに建設した大型の加速器。陽子ビームを加速・正面衝突させることで起こる素粒子反応を観測する。

＊6　パッシブな粒子観測方法：規模も費用も巨大な粒子加速器を用いずに、宇宙から飛来する粒子を検出・観測する方法。日本のスーパーカミオカンデなどはこの例。

ダイソン　二〇一五年のノーベル物理学賞が、地下にしつらえられたニュートリノ観測器を使った日本とカナダの研究（パッシブな粒子観測方法）に与えられました。これは本当に嬉しいことです。私は過去二五年間、（素粒子を研究する）高エネルギー物理は日本とカナダがベストだと言ってきましたが、それが本当になりました。

その間、アメリカやヨーロッパのビッグマネーは、加速器、特にＬＨＣに注入されました。これらの加速器には、プログラムされたことしか発見できない、予測していないことはけっして発見できないという、非常にリアルな問題があります。その典型的な例がヒッグス粒子の発見でした。

ヒッグス粒子は、ＬＨＣがなしえた大きな発見ですが、もちろん予測されていたことです。予測されなければ、けっして発見されなかった。なぜなら、きわめて稀（まれ）なヒッグス粒子が関与したイベントを見つけるためには、非常に高度なプログラムを使って、莫大（ばくだい）な数のすべてのバックグラウンド・ノイズを排除しなければならなかったからです。ですから、探していなければけっしてヒッグス粒子は見つかっていません。

これは確かに重要な発見でしたが、事前に何を探すのかがわかっていてはじめて成立した発見であることも確かです。最も重大な発見とは、誰も予測していなかったようなものであるとすれば、この方法では、最も重要な発見は見過ごされてしまうかもしれません。

「標準モデル」と「ひも理論」は対極的

――「ひも理論」[*7]や「標準モデル」[*8]については、どのようにお考えですか。

＊7　「ひも理論」：一九八〇年代に、宇宙のすべての粒子とエネルギーの関係を示すための統一理論として、数学的モデルである「ひも理論」が出てきた。それによるとすべての粒子とエネルギーは、一次元の極小ひもによって構成されていると説明できるとする。ただ、この理論の整合性を保つには、宇宙には一一次元が存在しなければならない。現実には、空間を構成する三次元と時間を構成する一次元の計四次元世界をわれわれは認識しているが、残りの七次元は認識できないものだという。この理論には五つのバージョンが出てきて、どれも数学的には可能であったため、さらにそれらを一つにまとめるために、「M理論」という包括的な理論も提案されている。いずれにしても、まだ実験で証明できるものではない。

標準モデルを構成する素粒子の種類

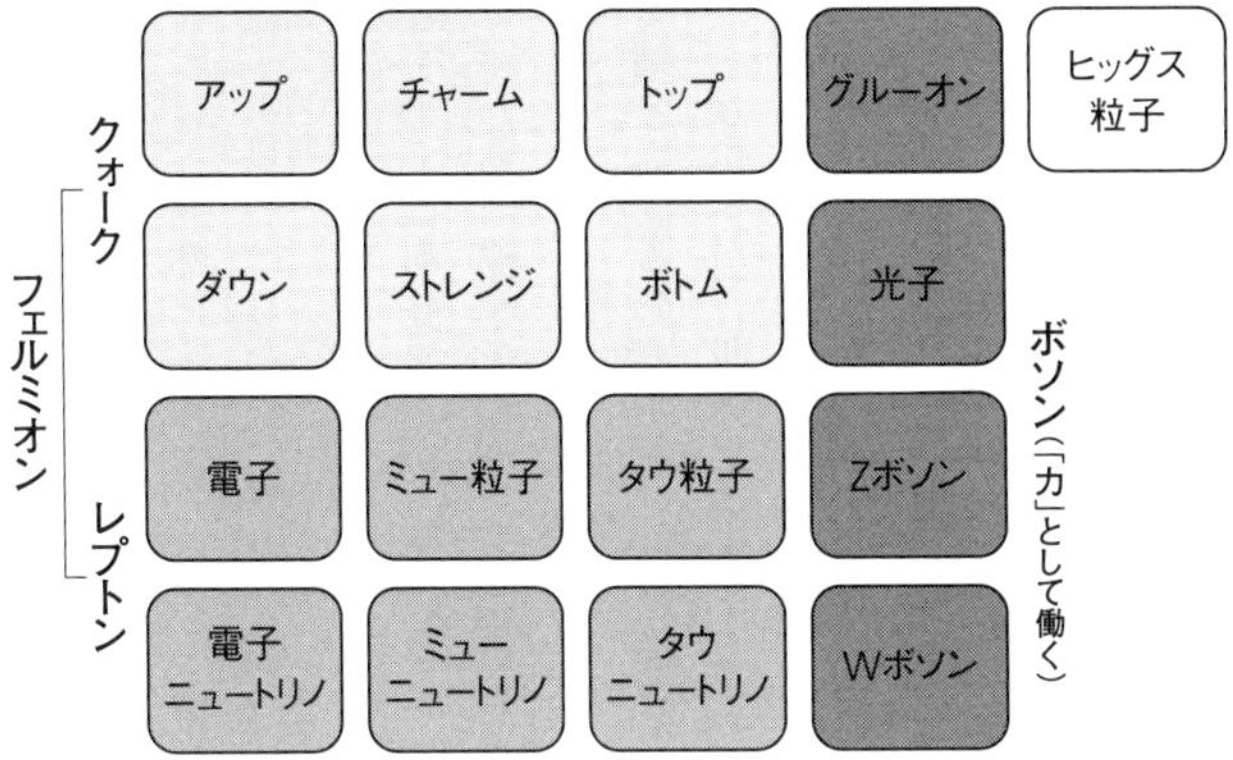

＊8 「標準モデル」：二〇世紀になって、物質の最小単位が原子ではなくそれよりも小さい素粒子であることがわかり、さらに加速器を使った実験によって何百もの素粒子が次々と発見されたため、それらを整理しその相互作用を説明するために考えられた統一理論が「標準モデル」だ（図参照）。それによると、宇宙を構成するすべての物質は一二種類のフェルミオン素粒子から成り、フェルミオンは六種類のクォークと六種類のレプトンに分けられる。これらの粒子間に働く力を担うのが四種類のボソンで、ボソンがなければ（陽子と中性子を構成している）クォーク粒子もレプトン粒子（電子）もくっつかないので原子も作られず、われわれも存在しなくなってしまう。力には「強い力」「弱い力」「電磁力」そして「重力」があるが、「重力」はまだ「標準モデル」に入っていない。また、ダーク・マターやダーク・エネルギー、反物質などについてもこの理論には組み込まれていない。

ダイソン 「ひも理論」と「標準モデル」、この二つはまったく異なるものですね。「標準モデル」は、自然に宇宙から来る宇宙線（高エネルギー放射線）を観測したり、加速器の中で素粒子を見つけるために膨大な数の計測実験を行ったりした結果生まれた理論です。膨大な実験の結果が素粒子世界のモデルとして組み立てられ、それはかなりよく計測された精確なものではありますが、深いレベルまではまだ理解されていません。

ですから「標準モデル」とは基本的に、まだ十分には理解されていない最大の実験事実の蓄積、というふうに言えるでしょう。これは、あるところまでは素晴らしいサイエンスの業績と言えるのですが、まだ終着点ではない。ですから「標準モデル」は、物事の説明ではありますが、理解ではありません。これは、何があるかはわかったけれどもその意味は理解されていないという、サイエンスの実験的側面を示したものとも言えます。

それに対して、「ひも理論」のほうは、計測せずにすべてを理解しようとしたものです。標準モデルの対極にあるとも言えます。すべてのことに通ずる「一般理論」となるような、巨大な数学的理解を打ち立てようとするものですが、実際には実験のしようがない。これが「ひも理論」の現実です。素晴らしく大きな美しい構造をした数学による構成ですが、これが現実を確かに説明しているという証拠はゼロです。証拠がないだけでなく、一体どうやって証明したらいいのかというアイディアさえまったくない状態です。非常に抽象的で、実験からは程遠い。

ですから、観測できることと理解できることの間にギャップがある、という興味深い状況です。両者とも満足のいくものではありません。私自身は「標準モデル」のほうが好ましい。少なくともしっかりした実験に支えられていますから。

本当に重要な発見は、新たな疑問を次々と生む

——将来の物理学研究で、最も重要な課題は何だとお考えですか。また生物学のほうはどうですか。

ダイソン　サイエンスとは、その本質において予測できないものです〈笑〉。サイエンスにとって、発見は重要です。サプライズ（驚き）ですから。したがって、次の発見を予測しようとすることは、サイエンスの方法ではないですね。

このやり方は、ヒッグス粒子について採用されました。ヒッグス粒子は予測されて発見された。これはある意味、発見してしまったらもう行き止まりです〈笑〉。次の新しい疑問を生まない。ところが、本当に重要な発見だったら、驚きとともに新たな疑問を次々と生んでいきます。そうなることをわれわれは期待しているのです。どうなるか予測ができない状態を。

物理学の将来を展望した時、重要な発見が天文学分野で起こることを期待しています。最近の最も予測していなかった発見は、およそ二〇年前に見つかった、「宇宙の加速膨張」でした。宇宙が一様に膨張しているのではなく、その膨張が加速していることが発見されたのです。最初のころはそれほどでもなかったのに、時間がたつにしたがってスピードが速くなった。このまま加速が続くのかどうかは定かではありませんが、おそらくそうなるのでしょう。この加速は、まったく予想もしていなかったことでした。宇宙全体のフレームワークは、まだ理解できていません。

これは、誰も予測していなかった大発見のすばらしい例です。「宇宙の加速膨張」は、物理学者ではなく天文学者によって発見されました。おそらく同じようなことがまた天文学の分野で起こると想像しています。天文学者は優れた観測手段を持っていますし、大型加速器を使った実験に伴う「予測しないことは発見できない」という問題もありません。ですから、おそらくいろいろな予想外の発見があるものと期待しています。

もう一つのミステリーはダーク・マターで、ダーク・エネルギーとは区別されています。[*9]

ダーク・マターはどこにあるのか、そしてその重力効果もかなりわかってきています。それが動いていることも観測できるのですが、一体何であるかがまだわかっていない。ダーク・マターは、われわれが実際に計測してきた物質よりも、はるかにたくさん存在します。今後ダーク・マターに関する大きな発見がある可能性は高いと思います。

生物学に関しては、状況がまったく異なります。生物学は非常に先に進んでいる。毎年数多くの実験結果が出され、新しい発見が続いています。生物学分野で私がとても興味深く思っているのが、ＨＡＲ１とＨＡＲ２というヒトに特異的な遺伝子です。これらは、他の種ではまったく異なっているので、ヒトが他の種とどう異なるのかについて、重要な何かを提供してくれるかもしれません。まだこれらが一体何をしているのかわかっていないのですが。

発見者であるデービッド・ハウスラー（アメリカの分子生物工学者：カリフォルニア大学サンタクルズ校）は、遺伝子を観察することで、これらを発見しましたが、その役割や意味はわかっていません。なぜ人間は他の種と異なるのかということについて、何か重要な発見があるかもしれません。

＊9　ダーク・マターは暗黒物質と呼ばれるもので、ダーク・エネルギー＝暗黒エネルギーは宇宙を

加速的に膨張させているとされる仮説エネルギーのこと。宇宙を構成するのは、ダーク・マターが約二五%、ダーク・エネルギーが約七〇%、そして観測可能な原子などはわずか約五%とされる。

――確かHAR1は前頭前野に、HAR2は手首に、それぞれ多く発現していたようです。

ダイソン　そうです。それは正しい。脳と手が関与していることは確かで、それらが人間を差異化させています。

サイエンスと哲学の間に

――あなたはバートランド・ラッセルを引いて「サイエンスは組織化されたコモンセンスで、哲学は組織化されたたわごとだ」とおっしゃっていましたね。なぜ哲学はしりすぼみになったのでしょうか。

ダイソン　哲学がしぼむことになったのは、昔は哲学にサイエンスが含まれていたのにそれが抜けたからです。かつて、サイエンスは「自然哲学」と呼ばれており、自然哲学とそれ以外の哲学の間に障壁はありませんでした。一九世紀にケンブリッジ大学の哲学者ウィリアム・ヒューウェルが、それまで自然哲学と呼ばれていたものに「サイエンス」という言葉を導入したのです。いわば、彼が哲学の領域を制限した責任者ということになります。

ヒューウェル以降、われわれは科学者と呼ばれることになり、言葉よりも実験を重視するようになりました。言葉より道具によってサイエンスの分野が推し進められることで、サイエンスが成功することになったと考えています。

――哲学ということで言えば、あなたは、「(複数の宇宙の存在を仮定する)「多元宇宙論(Multi-verse)」は哲学であってサイエンスではない」、そして「ジークムント・フロイト(オーストリアの精神分析学者)とウィリアム・ジェームズ(アメリカの心理学者)は、物語の語り手であって科学者ではない」と言っておられますが、なぜですか。

ダイソン　確かにその通りです。彼らの本を読むと、厳密なサイエンスではなく、物語であふれています。もちろんウィリアム・ジェームズよりもフロイトのほうにその傾向が強いのですが、両者ともそのように言うことができます。フロイトはもちろん偉大な作家で、サイエンス・ジャーナルへの投稿とは別に、多くの本を著しています。ウィリアム・ジェームズも同様です。人間の性質について実に多くの示唆をもたらしましたが、サイエンスはほとんど入っていない。

両者とも、心理学をもっと厳密なサイエンスに変えていこうとする現代の心理学者たちからは、強い反発を受けています。ジェームズとフロイトの文学的なアプローチは、現代の心理学者たちに呆(あき)れられ、心理学は、もっと数字と数式でなされる物理学のような厳密な学問として成立すべきだと考えられています。心理学は、(サイエンスと文学の)ボーダーラインにある学問ですから、両方からのアプローチが有効なのでしょう。

——最近の心理学は、脳科学に肩代わりされてきているようですが。

ダイソン　そうですね。観測科学としての脳科学には独自の目的があって、それはそれでとてもうまくいっていますが、人間の魂まで見通せるということではないですね。

4　核エネルギーに可能性はあるのか

いちばん有効な核軍縮策とは

——あなたは核軍縮に大きく関与されていて、核兵器の威力についても研究されてきました。現在の核抑止というのは、果たして有効な概念なのでしょうか。

ダイソン　核抑止は、多くの人々が信じている概念ですが、歴史的に見て、その効果があるとは証明されていませんね。実際の歴史を見てみると、核兵器は脅威になりこそすれ、紛争防止になってはいません。ですから、どちらの方向にも議論できないオープンな問題です。「抑止力」というのは可能な概念ですが、効果がある場合もあればない場合もある。

——あなたは核軍縮・核廃絶に向けて精力的に活動してこられました。核軍縮を成し遂げるには、何がベストな方法なのでしょうか。

ダイソン 過去、最も効果的に行われた軍縮は、交渉などせずに、「これらの武器は不要だから廃棄する」と言って一方的に実行してしまうという方法です。これは一九八九年に南アフリカ共和国でなされたもので、[*10]最も成功した核軍縮のケースです。南アフリカ共和国が、すべての核兵器をこのような一方的なやり方で廃棄したことは、もっと称賛されてしかるべきです。残念ながら、他国がそれにならうことはありませんでした。

アメリカで軍縮に最も成功したのは、お父さんのほうのブッシュ大統領でした（一九九一年九月）。彼は実際、アメリカの核軍備の約半分を廃棄したのです。特に陸軍と海上海軍（surface navy）のすべての核武装、つまり最も危険な軍備をなくしたのです。画期的な前進でした。何らかの協定を折衝する必要もなかった。これがいちばん有効なやり方です。

*10 その後、南アフリカ共和国は一九九一年に核拡散防止条約に署名し、一九九六年には包括的核実験禁止条約にも署名している。

——交渉などせず、ただ決断あるのみだと。

ダイソン　そうです。オバマ大統領も、本気ならばそうすべきでした。

原子力発電は、石炭より人を殺さない

――原子力発電については、どのようにお考えですか。核廃棄物の問題は、どれくらい深刻なのでしょうか。

ダイソン　それは大きな問題です。個人的には、原子力発電は、反対派が考えるほど悪いものだとは思いませんし、推進派が宣伝するほど良いものであるとも思いません。エネルギーを得る一つの方法だということです。コストや便利さという点から見れば、特にいいわけではないですが、大変役に立つことも確かです。原子力発電の大国であるフランスでは、とてもうまく機能している。ですから役に立ちますが、必須ということではないですね。

日本は原子力発電にかなり頼っていましたが、福島第一原発事故があってから、誰もが懐疑的にならざるを得なくなりました。ですから今後どうするか、大きな決断を迫られています。それについては特に強い意見を持ってはいません。日本が決断すべきことですか

ら。今後原子力に頼らないという決断をすれば、コストは上がりますが、それでも十分にやっていけると判断しています。もし原子力発電を継続すると決めれば、それはそれでとても役立ちますし。

福島での事故の過失は、あってはならないことではありますが、何をしても過失はつきものです。ミステイクのないテクノロジーなど存在しない。一〇〇％安全なテクノロジーなどというのは、幻想にすぎません。何をしてもリスクはあります。原子力発電に代わる主要なエネルギーは石炭燃焼ですが、大きな損害ももたらします。石炭は、空気汚染によって、原子力よりもずっと多くの人々を殺すことになるでしょう。ですから、個人的にどちらかを選ぶとするなら、原子力発電を選ぶでしょうが、いずれにしてもリスクは避けられません。

——例えば、トリウムを使った溶融塩原子炉[*11]はどうですか。もともとオークリッジ国立研究所で一九六〇年代に開発されていたもので、中国とインドが熱心に開発を進めていますが。

＊11　溶融塩原子炉（ＭＳＲ：Molten Salt Reactor）は、従来型の原子炉が固形燃料棒を使用するのに対して、トリウムを溶融塩に溶かして燃料として使用するので、メルトダウンの心配がなく（最初

から液体なので）、安全性確保のためのデザインがはるかにシンプルになる。トリウムはウラニウムに比べて安価で豊富にあり、また従来型原子炉の廃棄物を燃料として再利用することも可能である。さらに、核兵器に使用されるプルトニウムが得られないので、核兵器への転用が困難となる。現在アメリカ、ロシア、フランス、日本なども研究を続けているが、中国とインドが特に力を入れている。

中国にはトリウムがたくさんあるので、アメリカのオークリッジ国立研究所の研究者たちと技術提携しながら、トリウム型溶融塩原子炉の研究開発を国家プロジェクトとして進めている。中国では現在三四の従来型原子炉が稼働しており、三〇の新たな原子炉建設が進んでいる。さらに、トリウム型溶融塩原子炉や、超高温原子炉、ナトリウム冷却高速炉など、次世代型の原子炉の開発に熱心に取り組んでおり、あと二〇年以内に世界最大の原子力産業を生み出すことを目指している。

中国では特に溶融塩原子炉への期待が大きく、一九七〇年代のテクノロジーを使った従来型原子炉をすべてＭＳＲに置き換えることで、石炭燃焼による公害問題の解決へ期待を寄せている（*MIT Technology Review*, Richard Martin, 2016）。

ダイソン　それは私が賛成していた核エネルギーの一つでした。トリウム型の原子炉は安全とコストの点から見ると、大変好ましいものだった。しかし、政治的な理由から、ウラニウム型が選択されました。トリウム型の案が出てきたのがやや遅すぎたために、本腰を入れて研究をするまでには至りませんでした。トリウム型とウラニウム型の違いはそれほど大きいものではないですね。トリウムのほうがいろいろな面で優れていたのは確かですが。

——原子力廃棄物の観点から見ると、トリウムのほうがいいということはないですか。

ダイソン　総合的に見れば、廃棄物の観点では、それほど大きな違いはないでしょう。[*12]

＊12　MSRは溶融塩を使用するため、配管の腐食が起こることや、使用済み核燃料が強いガンマ線を放出すること、高レベル放射性廃棄物の処理など、まだ課題はたくさんある。

サイエンスは秘密裏には成り立たない

——核技術に関する情報は長いこと秘匿されていたようですが、秘密は国を強くしますか、弱くしますか。

ダイソン　（即時に）弱くします！　もちろん少し誇張が入っていますが〈笑〉。あえて秘匿しなければならないことというのは、ごくごく限られています。そういう場合も確かにあります。しかし、世界中で起こっていること、特にアメリカで起こっていることですが、秘密保持が巨大な官僚的機構と化してしまって、ほとんどすべてが機密のハンコを押され、結局すべてが何の役にも立たなくなってしまっています。

そもそもたくさんの秘密を抱えること自体、危険なことです。すべてが秘匿されている場合、たくさんのひどいことが起こりうる。現在すでに世界中で、とくにアメリカで、秘密にされていることが多くありすぎています。

——対処法はありますか。

ダイソン 大々的な情報開示が必須です。歴史を振り返ってみれば、いくつかの例があります。一九五五年にジュネーブで国際会議があって、[*13] 核に関する秘密情報が非常に少なくなりました。一九五五年まで、基本的には核に関するすべての情報は秘密にされていました。核科学について一切の情報を秘匿してしまえば、原子爆弾についての情報は秘密にできるという考えからです。

もちろんそれは、うまくいきませんでした。サイエンスというのは、秘密裏には成り立たないからです。秘密にしたとたんに、もうそれはサイエンスではなくなる。ですから一九五五年に、アメリカ、イギリス、フランス、ソ連をはじめとする主要国が、ジュネーブでこの会議に参加し、核情報を公開することを決めたのです。それは大変うまくいきました。それまで非公開であった核情報が、核爆弾の一部の情報を除いて、オープンにされました。

＊13 第一回原子力平和利用国際会議（ジュネーブサミット）：アイゼンハワー米大統領、イーデン英首相、ブルガーニン・ソ連首相とフルシチョフ第一書記、フォール仏首相、各国の外相が参加した、冷戦時における安全保障会議。

——それは政治的な決断だったのですね。

ダイソン　そうです。政治的な決断でした。科学者たちも強くサポートしましたが、政治的な決断でとてもうまくいった。同じことをわれわれがまたすべきです。世界に大きく資することになるはずです。

5　どのような教育が望ましいのか

博物館のほうが学校より役に立つ

――現在の教育制度は、産業社会に都合よくデザインされたものです。教育にとって最も重要な要素とは何だとお考えですか。将来、どのような教育ないし教育制度が望ましいのでしょうか。

ダイソン　もっとずっと選択の自由があるものが望ましい。ある学校は、ある生徒たちには合っているかもしれないけれども、他の生徒たちにはまったく合わないということがあります。ですから、たくさんの異なる種類の学校が存在して、生徒たちや親たちが自由に選択できるようにするのが、唯一の妥当な方法です。それ以上は何も提案しません。私自身たくさんの教育を受ける必要がありませんでしたし、私の子供たちも、学校からのヘルプをあまり受けずに、自分たちで多くを学んできましたから、学校教育ということに関して、私はあまりよく知らないのです。

博物館のほうが学校よりずっと役に立つと、常々言ってきました〈笑〉。私自身とても幸いなことに、ロンドンの博物館を歩き回ることで、その当時持っていた知識のほとんどを得ていました。アメリカにも優れた博物館がいくつかあって、私の孫たちが育ったオレゴン州では、「サイエンス・ワークス」という素晴らしい科学博物館がありました。孫たちは、そこで楽しんで時間を過ごし、学校の教室で学ぶよりもはるかに多くのことを学びました。おそらくこれは、どの時代でも言えることではないでしょうか。

残念ながら学校は、学ぶことよりも、生徒たちの子守をすることや、教室内で彼らを静かにさせることに、あまりに多くの時間を費やしてしまっています。

実地教育が最も効果的

ダイソン　私がイギリスで育ったころは、第二次世界大戦中でしたから、すべてが混沌(こんとん)としていました。先生も足らなかったし、紙も不足していたから、試験もなくて、生徒たちは自由でした。私は高校生でしたが、一週間のうち授業があったのは、たった七時間だけだったことを覚えています。もちろんそれくらいがちょうどよかった〈笑〉。ほとんど教室にいる必要がなかったのは幸いでした。かなり読書をして、興味あることをいろいろして、教室で学ぶよりはるかに多くのことを学びました。私にとっては非常にラッキーなことでしたが、もっとたくさんの学校がそうあるべきです。

残念ながら最近は、より厳しいルールを適用して、学校が政府の管理下に置かれるという傾向にありますが、憂うべきことです。私は、教育というものをそれほど厳密に考えないほうがいい結果を生む、と思っています。最も重要なことは、生徒たちを世の中に押し出し、実際に役に立つことを、責任をもってさせるということです。

私が育つころ、祖母と特に親しくてよく話をしたんですが、彼女は、義務教育が始まる（一八七〇年）前のイギリスで育つことができてとてもよかったと言っていました。彼女は八歳から工場で働きましたが、工場ではいろいろ面白いことができて、そのうち彼女は毛織産業の熟練の織手となり、学校よりも工場のほうがずっと面白かったと。毎日家族で工場に通っていたので、彼女は一人ではなく、いつも家族と一緒でした。学校では家族と離れていたので、工場のほうが楽しかったと。

こういう言い方は、ポリティカルには正しくないですね。子供の労働がいいアイディアだと言う人は、非常に少ないでしょう。しかし私の祖母は、ずっとそう言っていました。イギリスの衰退は義務教育から始まったと〈笑〉。

いじめ問題

——日本では、肉体的な弱い者いじめというより、心理的ないじめがたくさんあって、そのために、小学生でも自殺に追い込まれることさえあります。この問題にはどのように対処したらいいのでしょうか。

ダイソン いじめはひどい問題です。私自身たくさんいじめられました。よく覚えています。非常に惨めだった。私はタフだったので、自殺は思いもよりませんでしたが、それでもひどいものでした。子供というのは残忍です。子供同士で長いこと一緒にさせるのはよくないですね。

解決策としては、子供たちをなるべく大人と一緒にいるようにして、大人たちと面白いことを一緒にやるようにする。そうして、子供同士でいじめる機会がないようにするのがいいのではないか。

いじめ行為は、ある意味人間の本質かも知れません。子供というのは、しばしばひどい野獣であると言うこともできます。私も母にしょっちゅう叱られていました。男の子たちと一緒に別の男の子をいじめていたら、母に「どうしてそんなことをするの！」ときつく叱られた。六歳のころですが、まだよく覚えています。母には、グループでいる時はいじめをやるけど、一人ではやらないんだ、と言いました。それは本当です。

いじめ問題の本質は、グループになると、個人をさいなむことに喜びを見出すようになるという点です。しかも大人でも同じことが言える。大人もお互いにいじめ合います。とはいえ大人と子供を一緒にするのは、全体としてみると、おそらくいいことでしょう。

親がプッシュした神童には問題が多い

――ノーバート・ウィーナー（米国の数学者）は神童であり、サイバネティックス理論の創始者としてよく知られています。彼は二〇歳から五〇歳まで、世間から引きこもっていました。彼はウィリアム・ジェームズ・サイディズ[*14]と似たような、「急がされた」子供だったのでしょうか。

*14 William James Sidis：一八九八年生まれのアメリカの数学者。幼いころから数学の神童と言われ、一一歳でハーバード大学に入学したが、後に数学の世界から退き、路面電車の切符収集家となった。

ダイソン　私はノーバート・ウィーナーをよく知っていましたから、今言われたことには賛同できません。ウィーナーはもちろん神童でしたが、生涯を通じて神童であった重荷をよく乗り越えました。とても優れた数学者で、数学者としても社会批評家としても活躍しました。

若いころ、『人間機械論』（邦訳、みすず書房）を著し、これは一九五〇年に出版された素晴らしい本ですが、その中で、コンピュータ社会の将来は、匠（たくみ）の技（わざ）というものがすたれていって、人間的な仕事がなくなっていくと、的確に予測していました。彼の社会予測は的中しています。人間が人間としてこれからも役に立っていけるよう、私たちは何とか努力していかなければならない。この本を推薦します。誰よりも彼は鋭く世の中の動向を見つめていました。

また神童としても、それほどダメージを受けていなかったですね。変わった性向はありましたが。二人の娘さんたちとは、彼の対応の仕方が悪かったせいで決裂してしまって、彼女たちは彼をひどく嫌っていました。ですから良い父親だったとは言えない。でも優れた数学者であり、彼の場合、神童であったことは大きなダメージとなっていないと思います。

――人によって大きな差があると。

ダイソン　まったくそうです。神童であったことが、その後の人生の破綻に結びついた例はたくさんあります。大事なことは、子供をプッシュしすぎないということです。生まれついて自然と知的に早熟であった場合は、大丈夫なケースが多いようです。しかし、親がプッシュしたことで神童になった場合は、非常に有害になるようです。

――ご両親からどのような影響を受けましたか。

ダイソン　両親は全体的に見て、とても助けになりました。両親とも知識人でしたが、科学者ではなく父は音楽家で母は弁護士でした。二人ともサイエンスにとても興味がありましたが、一般的な興味ですね。家には一般向けのサイエンスの本がたくさんあって、私にとっての大きな楽しみでした。

そのうちの一冊が、アーサー・エディントン[*15]の『宇宙、時間そして重力』(*Space, Time and Gravitation*, 1920) でした。子供のころ読んで、とても興奮した本のうちの一冊です。一九二〇年に出版され、父が初版を買ってきてくれたのです。エディントンはイギリスでとても尊敬されていました。彼は、アインシュタインの理論を一般向けに説明するために、この素晴らしい本を書いています。これは、アインシュタイン自身が一般向けに書いてドイツで出版したものより、はるかにわかりやすかった〈笑〉。ですから父のおかげで、この本は私にとってのアインシュタイン入門書となりました。

両親には感謝していますが、その一方で、当時イギリスで一般的だったやり方で私は育てられました。つまり、まだ幼すぎるころに寄宿学校に入れられた。八歳でひどい寄宿学校に送られ、そこでさんざんいじめられて、悲惨な時を過ごしました。これについてはある程度両親のせいだと思っています。彼らは一度も学校を見なかったし、一体そこでどんなことが行われているのか、見に来たこともありません。彼らにとっては、学校にお金を払って、学校が私を世話している、ということだけで十分だった。それがいわば英国式というものでした。ですから、私は寄宿学校で育ちました。大変だったけれども、まあ結果としてはそれでよかったんだと思います。

＊15 Sir Arthur Eddington：一八八二年生まれのイギリスの天文学者、物理学者。アインシュタインの一般相対性理論を裏づけるため、遠くの恒星から達する光が、太陽の近くを通る時に太陽の重力場によって曲げられることを、皆既日食時の観測実験で明らかにしたとされる。一般相対性理論の

紹介者としてもよく知られている。また、ケンブリッジ大学のインド人留学生だったスブラマニアン・チャンドラセカール（後にノーベル物理学賞）が、ブラックホールの存在を理論的に指摘した際には、それを強く否定して、ブラックホール研究をかなり遅滞させることにもなった。

6 未来への執着

「集団知能」はどこへ向かうのか

――われわれは日々情報の洪水にのまれ、情報を受け取るのに精いっぱいで、じっくりとその意味を理解するための時間がないのが現実です。この情報の洪水の中で、一体どのようにして理解というものを生み出していったらいいのでしょうか。

ダイソン　それこそ文学の領域です〈微笑〉。本や物語は、この私たちが住む混沌に何らかの理解をもたらします。本や物語が、数や数式と同じくらい重要であるというのは、まったくその通りであると考えています。人生には両方とも必要です。

情報は多ければ多いほどサイエンスが精確になるので、サイエンスにとってはいいことですが、より広く理解するためには、それでは十分ではない。広い理解のためには、文学や物語が必要になると思います。物事の理解は、サイエンスそのものから出てくることもありますが、多くの場合、サイエンスの外から来るのです。

――インターネットを通じた「集団知能」ということについては、どのようにお考えですか。

ダイソン　インターネットは、理解を超えた膨大な情報の集積です。同時にそれは、私たちが見通すことのできない構造と目的を持っているので、最終的に全体がある一つの生物のようなスーパー・オーガニズムに育っていくということも考えられます。まだそこまでは行っていませんが、インターネットそのものが目的を持つというようなことになる可能性も、大いにあります。

――全体としてですか。

ダイソン　そうです。一つのまとまったシステムとして、世界を支配するということもありうる。それは、実際にそうなるまで、誰も気がつかないようなことで、ある時突然、誰もがマシーンに隷属することになる〈微笑〉。その可能性は否定できません。それがいつ起こるのかをどうやって知ったらいいのか、それは明白ではないですね。すでに、人間が判断しなくともソフトウェアが判断してくれるようなケースは、たくさん出てきています。誇張でなく、人間よりもソフトウェアがコントロールしている分野は、すでに数多くあるのです。知っておくべきことです。

タイプⅠ文明、タイプⅡ文明、タイプⅢ文明

――「ダイソン球」「ダイソン・ツリー」「アストロチキン」について[*16]、これらが何であるか、「カルダシェフ・スケール」[*17]が示す、タイプⅠ、タイプⅡ、タイプⅢ文明の、どこに位置しているのか、お話しいただけますか。「ノアの箱舟卵」や「胎生植物」についても。

*16 「ダイソン球」とは「恒星をすっぽり覆って、恒星のエネルギーをすべて利用する宇宙コロニー」。「ダイソン・ツリー」は「彗星の上で育つ遺伝子改変植物」。「アストロチキン」は「遺伝子工学で作られた育つ宇宙船」、「胎生植物」は「環境変化に強い、種なしで子供を作る植物」のこと。いず

れも、未来の宇宙開発に関するダイソン氏の気宇壮大なアイディア。

＊17 カルダシェフ・スケール（Kardashev Scale）とは、ソ連の天文学者ニコライ・カルダシェフが一九六四年に提案したもの（"Transmission of Information by Extra Terrestrial Civilizations", *Soviet Astronomy*, 1964）。文明レベルを、それぞれの文明がテクノロジーの進歩によって手に入れるエネルギーのスケールによって、タイプⅠ、タイプⅡ、タイプⅢに分けている。「ダイソン球」はタイプⅡ文明に属する。人類は現在まだ地球が持っているすべてのエネルギーを制御できるところまで行っていないので、タイプⅠ文明にも達していない。アメリカの天文学者カール・セーガンによると、人類は今のところ「〇・七文明」くらいにあるとのこと。

ダイソン　〈笑〉それはたくさんの質問ですね。大まかな全体像をお話ししますと、エイリアン、つまり地球外に文明を築いたわれわれの友人や同僚を探すことに興味があったのです。もしそのような文明があるとすれば、それらを探知できるはずだと。で、赤外線の発信源を探したらいいんじゃないかと提案しました（"Search for Artificial Stellar Sources of Infrared Radiation", *Science*, 1960）。進歩したいかなる文明も、必ず熱を排出するはずだから、もし大きな文明であれば、赤外線の放射という形で、それが宇宙に放射されるはず。ですから、地球外文明を探すのであれば、理由のわからない赤外線の放射源を探せばいいいんじゃないかというわけです。

その提案を約五五年前に出して、実際に赤外線源の探索調査をやりました。すると、まったく予想外だったんですが、宇宙には何百万という数の赤外線源がそこら中にあった。しかもそのほとんどすべてが自然に発生する赤外線放射で、どれも人工的なものとはとても考えられないものだった。もちろん、自然か人工かは区別がつかないわけですが、この探索方法ではうまくいかないことだけはわかりました。とにかく数がありすぎた。

そのほとんどは、塵に囲まれた若い星でしょう。星が誕生する時、たいてい塵の雲に囲まれていて、その塵雲は星によって熱せられ、塵が赤外線を放出することになります。それは一見人工的な赤外線放射に見えるけれども、自然のものです。

タイプI文明は一つの惑星のエネルギーを支配するレベルの文明です（気候も地震も火山も制御できるレベル）。その次はタイプII文明で、恒星つまり太陽のエネルギーを支配するところまで行った文明です。その次がタイプIII文明で、知的な社会がギャラクシー（銀河系）全体を支配する文明ということになります。私が考えていたモノ（ダイソン球やダイソン・ツリーなど）はカルダシェフ・スケールのタイプII文明に属します。

ですから、人工的に赤外線を放出する社会を探知するには、銀河系を支配できるようになったタイプIII文明を探すのが、効果的です。タイプIIIだったら、一つの星ではなく銀河系全体を支配しているはずなので領域が広く、銀河の細部を調べることによって、人工的な赤外線放射なのかそうでないかがわかりやすいでしょう。ですから、タイプⅡよりタイプⅢ文明のほうが、探しやすいはずです。先ほどの宇宙探索調査でわかったことは、タイプⅢ文明はおそらく存在しないだろうということでした。タイプⅡ文明が存在する星はあるかもしれませんが。

もう一つ質問にあった「ノアの箱舟卵」ですが、こちらはずっとスケールが小さいものです。ごく小さな道具を使って大きな影響を宇宙に与えるという発想です。「ノアの箱舟卵」は、数キログラムの重さのダチョウの卵のようなもので、その中に、この惑星のすべての種（しゅ）、つまりこの惑星に生息する生物のすべての遺伝子が入っているのです。

ですから、宇宙に放出する生物の種（たね）のようなもので、到着した先で新たな文明を作ることができると想像してみてください。このようにして遺伝子の知識を使えば、かなり限定された材料を使って、宇宙に生物を広めることができます。「ノアの箱舟卵」は実現可能だと思いますし、実際いろいろな応用が考えられます。

7 アドバイスと推薦図書

リスクを避けるな

——若い人たちにどのようなアドバイスをされますか。

ダイソン それは難しいですね。一人ひとり違っているので。あえて言うなら「リスクを避けるな」ということです。人生にリスクはつきものです。もしリスクがこっちに向かってきたら、「イエス」と言うべきだ〈笑〉。もう一つは、同じ愚かな間違いを二度と繰り返さないこと〈笑〉。一度やってひどい目にあったら、二度と同じことをしないように。これが一般的に言えるアドバイスです。

それから、何かをする前にすべてを学んでおく必要があると思わないこと。一番いい学習のやり方は、実際にやってみることです。（模擬でなく）実際の問題を解決するために努力することです。その過程で、一体何を学んだらいいのかがわかります。非常にたくさんの人たちが、何年も大学や大学院で時間を使っています。サイエンスのビギナーになるために、まずすべてを学ばなければならないと思うからですが、それは間違いです。実際の問題に挑戦すべきです。そうすれば、学ばなければならないことはそれほど多くないと気づくはずです。

——どのような本を薦めますか。

ダイソン　私自身それほど読書家ではありませんから、難しいですが、バイオグラフィーはよく読みました。あとポピュラー・サイエンス本もいろいろ読みました。中でも、E・T・ベルの『数学を作った人びと』（邦訳、早川書房）は、数学者たちのバイオグラフィーですが、とてもいい本で、特に数学者たちをリアルな人間として描写していて、彼らがバカで、愚かな、付き合いにくい人たちであることが、生き生きと描かれています〈笑〉。それでも彼らは素晴らしい数学を生み出すことができた。それなら俺だって、という気にさせられます。

ですから、子供たちには、サイエンスをやるためにはある種のスーパー人間である必要などまったくなくて、普通の人がやれるんだと思ってもらいたい。

あとがき——不確実社会を生きる

重要なのは、問い続けることだ。好奇心はそれ自体に意味がある。

——アルベルト・アインシュタイン

カーツワイル氏をはじめとする未来学者たちの予測によると、もし人類が自らを滅ぼさなければ、GNR（遺伝学、ナノテクノロジー、ロボット工学）の目覚ましい発展により、二一世紀には新しい産業革命が起こるという。一九世紀の産業革命によってもたらされたのは、オイル、電気、繊維（せんい）、兵器、食糧、輸送手段であったが、二一世紀には、身体、脳、心の革命が起こり、人間自らがそれらをデザインできるようになると。AIと一緒になった人類は、生物部分は変わらないのにAI部分が飛躍的に進化していくので、知能、身体能力、判断力を格段に伸ばしたほぼ無機的なポスト・ヒューマンに変化していって、死をも克服するようになるとも。同時に、エネルギーや資源、食料、医療問題なども、画期的な解決に向かうという。

ただ、テクノロジーの進歩だけでは、社会はそう遠くへ行けないのかもしれない。例えばソーシャルメディアを使えば、短時間でたくさんの人たちが集まることが可能になって、民主的な運動が盛り上がっているように見え、草の根民主主義の実現を予感させる。しかし、独裁政権打倒、民主化を目指してエジプトのタハリール広場に集まった人々が期待した「アラブの春」や、ひどい格差社会を生み出した象徴であるウォールストリートでデモを繰り広げた「ウォール街占拠」などに見られるように、多くの人々が共感して情熱のうねりが見えたようだったけれども、いずれも大きな社会革新につながることはなかった。既成体制を倒した後のビジョンないし物語が、しっかりと構築されてはいなかったからかもしれない。

多くの人たちが大きなスケールで協力するには、新しいテクノロジーだけでは十分ではないのだろう。そもそも人間はダイソン氏が指摘している通り、真実が何かを探ろうとするより（サイエンスの方法）、（まだ）物語やファンタジーを求める傾向があるようなのだ。例えばインゲルス氏の台頭は、住民の夢やアイディアを取り入れながら、テクノロジーを使って物語（フィクション）を具現化していくという、彼の新しい建築ビジョンに、強い説得力があったからなのだろう。

一方トランプ大統領は、聴衆に合わせて何でもありの発言で、メディアのファクト・チェック機能を無意味にしてしまいつつある。どれが真実なのか本心なのか、どのようなビジョンを持っているのか、どういった政策をするのか、まるで万華鏡のように何でもありの言動や政策を用いて、何が本音かわからないという「不確実性」を紡ぎ出すことで、人々を不安状態に置き、社会を不安定に保って権力を維持していく。おまけに嘘の数が多すぎて手に負えない。

しかしそれよりも危険なのは、嘘に慣れてしまうという現象のほうかもしれない。「あ、またか」と思っているうちに、あらゆることに対して不信感がつのるようになって意気阻喪、国民はヤル気を失い、統治者の意のままになってしまう。社会全体が「誰も何も信用していない」というようなうつ状態に陥り、国民はそれに慣れてしまう。

さらに、人間の記憶はカメラやビデオのようにはっきりしたものではまったくなくて、実にいい加減だ。たとえよく知っている人の顔でも、その詳細まで思い出すことができないことはよく知られている。しかしまさに記憶がいい加減であるそのことによって、まったく関係のないアイディアを自在に結びつけることが可能になり、創造性（クリエイティビティ）というものが生まれてきて、それが進化に有利に働いてきたのかもしれない。そうだとすると、もしＡＩの発達によって、さらにはＡＩと人間が一体化することによって、われわれの記憶が明確・鮮明・大容量になっていった場合、クリエイティビティのほうが犠牲になるということはないのだろうか。実ったリンゴが落ちるのを見て、重力の存在を想像する、靴の紐（ひも）を見て量子力学の新しいコンセプトを思いつく、特殊なサンプル群から一般理論を抽象するといった能力を、失ってしまうことになりはしまいか。これは膨大な選択肢の中から、最適値を抜き出すという能力とはまったく異なる類（たぐい）のものではないのか。

ウルフ氏は、「不確実社会」を生き延びていくためには、直感や感情や伝統や先入観などに頼っていてはやっていけないという。強い社会性が人間の基本的なドライブ（突き動かす力）となっていて、これが伝統や感情や部族・民族意識に発展して、紛争、破壊、戦争といった、明らかに無意味な行動を引き起こすことにもなっているのだから、人間の本質をよく見つめて、われわれにとって最も不自然な行為である「よく考えること」や、「しっかりとした証拠を基に行動を検証していくこと」が大事だという。理性的であるべきだが、理想主義的であってはならないとも。

ダイソン氏のアドバイスも、ユニークだ。「リスクを避けるな」と言う。もしリスクがこっちに向かってきたら、「イエス」と言えと。いかなるテクノロジーにもリスクはあるから、それを恐れていては何も始まらないとも。そして、われわれは非常に社交的な動物だから、お互いに助け合う利己的でない生き方をすることで、自分自身が幸せになることができるのだという。

複雑な系に対しては、一つひとつ丹念に確実なデータを積み上げていくことが、全体像をある程度俯瞰（ふかん）できるようになる一番の方法なのだろう。先の見えない不確実社会では、感情に訴えるようなシンプルなストーリーは、おそらくすべてプロパガンダであると疑って、とにかくファクト・チェックを重ねて、熱狂を避けることが、個人にできる防衛策なのかもしれない。

意見や考え方に違いはあるけれども、たとえ孤軍奮闘になることが明らかであってもあくまでも事の本質を極めようとする姿勢において、インタビューイー全員が見事なほどに一致しています。

これらのインタビューは二〇一五年九月から二〇一七年二月までの間に収録されたものです。カメラマン、ビデオグラファーとその助手、そして私の四人で収録に当たりました

（インゲルス氏の場合は音声エンジニアと私の二人で収録）。

この企画を実現するにあたり、写真撮影並びにビデオ撮影・録音でお世話になったCarl Rutman, Vladimir Gurin, Matt Beardsley, Kirsten Holst, Scott Newstead, Alistair Wilson, Boris Gurin, Dan Komodaの各氏に、また連絡・調整その他でお世話になったBev Stohl, Nanda Barker-Hook, Catherine Goacher, Daria Pahhota, Mattie Kennedy, Allison McIntyreの各氏に、ボストン、サンフランシスコ、ロンドン、コペンハーゲン、ニューヨーク、ニュージャージー、それぞれの都市で素晴らしい才能を提供していただき、心から感謝しております。

また経済用語校閲では伊藤さゆり氏に、英文チェックではHanna Tonegawa氏にそれぞれ貴重なアドバイスをしていただき深く感謝しております。

この本の製作に当たっては、素晴らしい理解力と情熱でサポートしてくださったＮＨＫ出版の大場旦氏に深く感謝しております。

紙面の制約により、インタビューの全体を掲載することはかないませんでしたが、彼らのエネルギーを少しでも届けることができればと、心から祈っております。

二〇一七年四月　　吉成真由美

吉成真由美 よしなり・まゆみ
サイエンスライター。
マサチューセッツ工科大学卒業(脳および認知科学学部)。
ハーバード大学大学院修士課程修了(心理学部脳科学専攻)。
元NHKディレクターであり、子供番組、教育番組、NHK特集などを担当。
コンピューター・グラフィックスの研究開発にも携わる。
著書に『カラフル・ライフ』(文化出版局)、
『やわらかな脳のつくり方』(新潮選書)、
『知の逆転』『知の英断』(インタビュー・編、ともにNHK出版新書)、
編・訳書にドーキンス『進化とは何か――ドーキンス博士の特別講義』
(ハヤカワ文庫NF)など。

NHK出版新書 513

人類の未来
AI、経済、民主主義

2017(平成29)年4月10日　第1刷発行
2017(平成29)年9月15日　第5刷発行

著者　ノーム・チョムスキー　レイ・カーツワイル
マーティン・ウルフ　ビャルケ・インゲルス
フリーマン・ダイソン　吉成真由美[インタビュー・編]

発行者　森永公紀
発行所　NHK出版
〒150-8081東京都渋谷区宇田川町41-1
電話 (0570) 002-247 (編集) (0570) 000-321(注文)
http://www.nhk-book.co.jp (ホームページ)
振替 00110-1-49701

ブックデザイン　albireo
印刷　慶昌堂印刷・近代美術
製本　藤田製本

Printed in Japan ISBN978-4-14-088513-0 C0200